Minutos

DE ESTUDIO BÍBLICO

PROGRAMA DE
ESTUDIO
EN 6 SEMANAS

CÓMO SE

HACE UN LÍDER

AL ESTILO

DE DIOS

MINISTERIOS
PRECEPTO
INTERNACIONAL

KAY ARTHUR
DAVID & BJ LAWSON

Cómo Se Hace Un Líder Al Estilo De Dios
Publicado en inglés por WaterBrook Press
12265 Oracle Boulevard, Suite 200
Colorado Springs, Colorado 80921
Una división de Random House Inc.

Todas las citas bíblicas han sido tomadas de la Nueva Biblia Latinoamericana de Hoy;
texto basado en La Biblia de las Américas®. © Copyright 1986, 1995, 1997 por la
Fundación Lockman.
Usadas con permiso (www.lockman.org).

ISBN 978-1-62119-016-5

2012 – Edición Estados Unidos

CÓMO USAR ESTE ESTUDIO

Este estudio bíblico inductivo ha sido diseñado para grupos pequeños que estén interesados en conocer la Biblia, pero que dispongan de poco tiempo para reunirse. Resulta ideal, por ejemplo, para grupos que se reúnan a la hora de almuerzo en el trabajo, para estudios bíblicos de hombres, para grupos de estudio de damas o para clases pequeñas de Escuela Dominical. También es muy útil para grupos que se reúnan durante períodos más largos como por las noches o sábados por la mañana — que sólo quieran dedicar una parte de su tiempo al estudio bíblico; reservando el resto del tiempo para la oración, comunión y otras actividades.

El presente libro está diseñado de tal forma que el propio grupo complete la tarea de cada lección *al mismo tiempo* que realizan el estudio. Discutir las observaciones obtenidas de lo que Dios dice acerca del tema, revela verdades innovadoras e impactantes para la vida.

Aunque es un grupo de estudio, necesitarás un facilitador que lidere el estudio y mantenga activa la discusión. (La función de esta persona *no* es la de conferenciante o maestro; no obstante, al usar este libro en una clase de Escuela Dominical o en una reunión similar, el maestro deberá sentirse en libertad de dirigir el estudio de forma más abierta, brindando observaciones complementarias, además de las incluidas en la lección semanal). Si eres el moderador del grupo, a continuación encontrarás algunas recomendaciones que te ayudarán a hacer más fácil tu trabajo:

- Antes de dirigir al grupo, revisa toda la lección y marca el texto. Esto te familiarizará con su contenido y te capacitará para ayudarles con mayor facilidad. La dirección del grupo te será más cómoda si tú mismo sigues las instrucciones de cómo marcar y si escoges un color específico para cada símbolo que realices.

- Al dirigir el grupo, comienza por el inicio del texto leyéndolo en voz alta según el orden que aparece en la lección; incluye además los "cuadros de aclaración" que podrían aparecer después de las instrucciones y en medio de tus observaciones o de la discusión. Trabajen juntos la lección, observando y discutiendo todo cuanto aprendan. Al leer los versículos bíblicos, pide que el grupo diga en voz alta la palabra que está marcándose en el texto.
- Las preguntas de discusión sirven para ayudarte a cubrir toda la lección. A medida que la clase participe en la discusión, te irás dando cuenta que ellos responderán las preguntas por sí mismos. Ten presente que las preguntas de discusión son para guiar al grupo en el tema, y no para suprimir la discusión.
- Recuerda lo importante que resulta para la gente el expresar sus respuestas y descubrimientos; esto fortalecerá grandemente su entendimiento personal de la lección semanal. ¡Asegúrate que todos tengan oportunidad de contribuir en la discusión semanal!
- Procura mantener la discusión activa, aunque esto pudiera significarles pasar más tiempo en algunas partes del estudio que en otras. De ser necesario, siéntete en libertad de desarrollar una lección en más de una sesión; sin embargo, recuerda evitar avanzar a un ritmo muy lento, puesto que es mejor que cada uno sienta haber contribuido a la discusión semanal -en otras palabras: "que deseen más"- a que se retiren por falta de interés.
- Si las respuestas del grupo no te parecen adecuadas, puedes recordarles cortésmente que deben mantenerse enfocados en la verdad de las Escrituras; su meta es aprender lo que la Biblia dice, y no el adaptarse a filosofías humanas. Sujétense únicamente a las Escrituras, y permitan que Dios sea quien les hable ¡Su Palabra es verdad (Juan 17:17)!

CÓMO SE
HACE UN LÍDER
AL ESTILO
DE DIOS

¿Qué hace del líder, un líder? ¿Qué es lo que hace de algunas personas líderes, mientras otras simplemente son "la persona encargada"?

El Dr. Martin Luther King Jr. cierta vez escribió: "Hubo un tiempo en que la iglesia era muy poderosa –el tiempo cuando los primeros cristianos se regocijaban al considerarse dignos de sufrir por lo que creían. En esos días la iglesia no era solamente un termómetro que simplemente registraba las ideas y principios de opinión popular; era un termostato que transformaba el estilo de vida de la sociedad."[1]

Pero, ¿cuál es la diferencia entre un termómetro y un termostato? La diferencia está en que el termostato establece -o determina- la temperatura ambiental; mientras que un termómetro simplemente mide la temperatura, sin hacer nada al respecto.

Así es como el Dr. King describía la iglesia; sin embargo, tal descripción también puede hacerse extensiva para referirse a un líder dentro de una iglesia o grupo.

Y, a pesar de lo difícil del liderazgo, Dios nos llama a ser líderes en nuestros hogares, en nuestras comunidades, en nuestras iglesias y finalmente en nuestro mundo.

Entonces, ¿qué espera Dios de quienes Él establece en posiciones de autoridad? ¿Qué características definen al líder efectivo, en contraste con la persona que simplemente está dirigiendo? ¿Y cómo puedes ser el líder que Dios te ha llamado a ser?

Estas son algunas de las preguntas que deseamos examinar a la luz de la Palabra de Dios mientras vemos la vida de cuatro líderes del Antiguo Testamento. Sus ejemplos nos ofrecerán nuevas y valiosas observaciones acerca de los distintivos de grandes líderes; así como los obstáculos que podrían afectar nuestra influencia y efectividad.

Oramos pidiendo que este estudio te brinde un profundo entendimiento de las características necesarias para nosotros los hombres y mujeres de Dios que hemos sido llamados a vivir con autoridad bíblica y fortaleza en un mundo que desesperadamente necesita de líderes confiables.

---

[1]Martin Luther King Jr., "Carta desde la Prisión en Birmingham" 16 de abril de 1963. Derechos Reservados © El Patrimonio de Martin Luther King. Jr.

Una de las dificultades que un líder enfrenta es la de escoger un curso de acción correcto cuando otros desafían las reglas o minan su autoridad. En esta semana miraremos a dos hombres que enfrentaron tal situación, pero que respondieron de manera muy diferente.

OBSERVA

Llegados los últimos días del tiempo de los jueces de Israel, Elí sirvió como sumo sacerdote en Silo; y sus hijos Ofni y Finees sirvieron bajo su liderazgo como sacerdotes.

Líder: *Lee en voz alta 1 Samuel 2:12-17.*

- *Pide que el grupo diga en voz alta y marque con una **H** cada referencia a los **hijos de Elí** o de **su criado**, incluyendo los pronombres y sinónimos.*

Al leer el texto resulta muy útil pedir que el grupo diga las palabras clave en voz alta mientras las marcan; así, podrán estar seguros de haber marcado todas las veces que aparezcan, incluyendo cualquier otra palabra o frase sinónima. Haz esto durante todo el estudio.

1 SAMUEL 2:12-17

12 Pero los hijos de Elí *eran* hombres indignos; no conocían al SEÑOR

13 ni la costumbre de los sacerdotes con el pueblo: cuando alguien ofrecía sacrificio, venía el criado del sacerdote con un tenedor de tres dientes en su mano mientras se cocía la carne,

14 lo introducía en la cazuela, la olla, la caldera o el caldero, y todo lo que el tenedor sacaba, lo tomaba el sacerdote para sí. Así hacían ellos en Silo con todos los Israelitas que iban allí.

¹⁵ Además, antes de quemar la grasa, el criado del sacerdote venía y decía al hombre que ofrecía el sacrificio: "Da al sacerdote carne para asar, pues no aceptará de ti carne cocida, sino solamente cruda."

¹⁶ Y si el hombre le decía: "¿Ciertamente deben quemar primero la grasa y después toma todo lo que quieras;" él respondía: "No, sino que *me la* darás ahora, y si no la tomaré por la fuerza."

¹⁷ El pecado de los jóvenes era muy grande delante del SEÑOR, porque despreciaban la ofrenda del SEÑOR.

DISCUTE

• ¿Qué aprendes acerca de los hijos de Elí, al observar su vívida descripción en los versículos 12 y 13?

• Discute brevemente el comportamiento de los hijos de Elí, conforme es descrito en los versículos 13-16. ¿Qué revela esto acerca de su carácter?

ACLARACIÓN

El libro de Levítico describe la Ley de Moisés y el sistema de sacrificios con mucho detalle. Levítico 7 nos dice que la grosura de los sacrificios pertenecía al SEÑOR, por lo que debía de ser quemada. En Levítico 10:14-15 encontramos una explícita referencia a la porción del sacrificio correspondiente al sacerdote. De acuerdo a lo anterior, las prácticas descritas en 1 Samuel 2 son una clara violación de las instrucciones dadas por Dios.

• El versículo 16 nos indica que hasta el israelita adorador, común y corriente sabía que la porción de Dios debía ser tomada de la parte del sacerdote; ¿cómo respondieron los hijos de Elí cuando fueron confrontados con respecto a su violación de la Ley?

OBSERVA

Líder: Lee en voz alta 1 Samuel 2:22-25.
Pide que el grupo…
- *Marque cada referencia a **Elí**, incluyendo los pronombres, con una **E.***
- *Marque cada referencia a los **hijos de Elí**, incluyendo sus pronombres, con una **H.***

DISCUTE

- ¿Qué aprendiste acerca de Elí en este pasaje?

- ¿Qué había oído Elí con respecto al comportamiento de sus hijos, y de quién lo había escuchado?

ACLARACIÓN

De acuerdo con Deuteronomio 21:18-21, la Ley de Moisés señalaba que si un hijo se negaba a obedecer a su padre cuando éste lo reprendiera o si se negaba incluso a escucharle el padre debía traer a su hijo terco y rebelde a los ancianos a la puerta de la ciudad para que ellos lo apedrearan y quitaran la maldad de en medio de ellos.

1 SAMUEL 2:22-25

22 Elí *era ya* muy anciano; y oyó todo lo que sus hijos estaban haciendo a todo Israel, y cómo se acostaban con las mujeres que servían a la entrada de la tienda de reunión,

23 y les preguntó: "¿Por qué hacen estas cosas, las cosas malas de que oigo *hablar a* todo este pueblo?

²⁴ "No, hijos míos; porque no es bueno el informe que oigo circular por el pueblo del SEÑOR.

²⁵ "Si un hombre peca contra otro, Dios mediará por él; pero si un hombre peca contra el SEÑOR, ¿quién intercederá por él?" Pero ellos no escucharon la voz de su padre, porque el SEÑOR quería que murieran.

1 SAMUEL 2:27-35

²⁷ Entonces un hombre de Dios vino a Elí y le dijo: "Así dice el SEÑOR: '¿No me revelé ciertamente a la casa de tu padre cuando ellos estaban en Egipto *como esclavos* de la casa de Faraón?

• ¿Cómo respondió Elí cuando fue informado sobre el comportamiento de sus hijos? ¿Su respuesta fue efectiva? Explica tu contestación.

• ¿Cuál debió haber sido el siguiente paso de Elí, como el líder espiritual de Israel y como el líder de su familia?

• Describe la respuesta del SEÑOR en relación al comportamiento de los hijos. ¿Qué nos revela esto acerca de lo serio de la situación?

• Discute lo que aprendiste acerca del liderazgo de Elí, tanto como padre y como sumo sacerdote.

OBSERVA

Como resultado del fracaso de Elí –al no confrontar el comportamiento de sus hijos– Dios le envió un áspero mensaje a través de un mensajero desconocido.

Líder: Lee en voz alta 1 Samuel 2:27-35; y pide que el grupo diga en voz alta y marque lo siguiente:

  • *Cada referencia a **Elí**, incluyendo sus pronombres, con una **E**.*

- *Cada referencia a **Dios**, incluyendo los pronombres y sinónimos, con un triángulo:* △
- *La palabra **corazón**, de la siguiente manera:* ♡

DISCUTE

- ¿De qué fue acusado Elí, según el versículo 29? ¿Por qué Elí fue visto como responsable por las acciones de sus hijos?

- ¿Qué principio(s) de liderazgo pueden aprenderse del mensaje de Dios para Elí?

28 '¿No los escogí de entre todas las tribus (la de Leví) de Israel para ser Mis sacerdotes, para subir a Mi altar, para quemar incienso, para llevar un efod delante de Mí? ¿No le di a la casa de tu padre todas las ofrendas encendidas de los Israelitas?

29 '¿Por qué pisotean Mi sacrificio y Mi ofrenda que he ordenado *en Mi* morada, y honras a tus hijos más que a Mí, engordándose ustedes con lo mejor de cada ofrenda de Mi pueblo Israel?'

30 "Por tanto, el SEÑOR, Dios de Israel, declara: 'Ciertamente Yo

había dicho que tu casa y la casa de tu padre andarían delante de Mí para siempre;' pero ahora el SEÑOR declara: 'Lejos esté esto de Mí, porque Yo honraré a los que Me honran, y los que Me desprecian serán tenidos en poco.

^{31} 'Por tanto, vienen días cuando cortaré tu fuerza, y la fuerza de la casa de tu padre, y no habrá anciano en tu casa.

^{32} 'Y verás la angustia de *Mi* morada, a *pesar de* todo el bien que hago a Israel; y nunca habrá anciano en tu casa.

• El hombre enviado por Dios, les brindó una detallada descripción de lo que ocurriría al sacerdocio en Israel. Discute el resultado que fue profetizado para la familia de Elí en este pasaje.

• El versículo 35 empieza con la palabra *Pero*, la cual señala un contraste. ¿Qué estaba siendo contrastado en los versículos 34 y 35? Explica por qué esto resulta tan importante.

33 'Sin embargo, a algunos de los tuyos no cortaré de Mi altar para que tus ojos se consuman *llorando* y tu alma sufra; pero todos los nacidos en tu casa morirán en la flor de la juventud.

• ¿Qué aprendiste en este pasaje al marcar las referencias a *corazón*, y qué nos revela esto acerca de las expectativas de Dios para un líder?

34 'Y para ti, ésta será la señal que vendrá en cuanto a tus dos hijos, Ofni y Finees: en el mismo día morirán los dos.

35 'Pero levantaré para Mí un sacerdote fiel que hará conforme a *los deseos* de Mi corazón y de Mi alma; y le edificaré una casa duradera, y él andará siempre delante de Mi ungido.

OBSERVA

A pesar que los hijos de Elí estaban revelándose contra las instrucciones de Dios, al sumo sacerdote le fue dada la responsabilidad de educar a Samuel –un joven muchacho a quien su madre había entregado a Dios. Finalmente, Dios llamó a Samuel con la misión de ser un profeta para Su pueblo. Ahora, veamos brevemente la primera, de muchas conversaciones personales que Samuel tuvo con Dios.

1 SAMUEL 3:11-14

¹¹ Y el SEÑOR dijo a Samuel: "Estoy a punto de hacer una cosa en Israel la cual hará retumbar ambos oídos a todo aquél que la oiga.

¹² "Ese día cumpliré contra Elí todo lo que he hablado sobre su casa, desde el principio hasta el fin.

¹³ "Porque le he hecho saber que estoy a punto de juzgar su casa para siempre a causa de la iniquidad de la cual él sabía, pues sus hijos trajeron sobre sí una maldición, y él no los reprendió.

¹⁴ "Por tanto he jurado a la casa de Elí que la iniquidad de su casa no será expiada jamás, ni con sacrificio ni con ofrenda."

Líder: Lee en voz alta 1 Samuel 3:11-14. Pide que el grupo diga en voz alta y marque...

- *Cada referencia al SEÑOR, incluyendo los pronombres, con un triángulo △*
- *Cada referencia a Elí, incluyendo sus pronombres, con una E*

DISCUTE

- Discute el mensaje de Dios a Samuel, y lo que dicho mensaje confirmó.

- Elí no era un sacerdote indigno, como sí lo eran sus hijos; pero él era el hombre quien estaba a cargo y era responsable de su casa. ¿En qué falló Elí en el liderazgo de su casa y sacerdocio, de acuerdo con este pasaje?

OBSERVA

Después que Dios envió Su mensaje a través de Samuel, Elí y sus hijos vivieron por corto tiempo; Ofni y Finees fueron asesinados durante la batalla en que los filisteos tomaron el arca del pacto, y Elí murió al escuchar tales noticias. Por tres generaciones más, sus descendientes sirvieron como sacerdotes; luego, la responsabilidad cambió a Sadoc, un descendiente de Eleazar el hijo de Aarón, con quien la línea del sacerdocio permaneció a lo largo de la historia de Israel. Transcurrieron aproximadamente 130 años desde el tiempo de la profecía de Samuel hasta su pleno cumplimiento.

Líder: Lee en voz alta 1 Samuel 3:15-20. Pide que el grupo…

- *Dibuje un rectángulo alrededor de cada referencia a **Samuel**, incluyendo los pronombres:*
- *Marque cada referencia a **Israel**, incluyendo sus pronombres, con una estrella:*

DISCUTE

- ¿Qué aprendiste al marcar las referencias a *Samuel*?

1 Samuel 3:15-20

15 Samuel se acostó hasta la mañana. Entonces abrió las puertas de la casa del Señor; pero Samuel temía contar la visión a Elí.

16 Así que Elí llamó a Samuel, y le dijo: "Samuel, hijo mío." "Aquí estoy," respondió Samuel.

17 Y Elí dijo: "¿Cuál es la palabra que *el* Señor te habló? Te ruego que no me la ocultes. Así te haga Dios, y aún más, si me ocultas algo de todas las palabras que El te habló."

18 Entonces Samuel se lo contó todo, sin ocultarle nada. Y *Elí* dijo: "El es el Señor; que haga lo que bien Le parezca."

¹⁹ Samuel creció, y el Señor estaba con él. No dejó sin cumplimiento ninguna de sus palabras.

²⁰ Y todo Israel, desde Dan hasta Beerseba, supo que Samuel había sido confirmado como profeta del Señor.

• Aunque Samuel era un muchacho joven y temeroso de hablar con su mentor respecto a la visión que había tenido, ¿cómo respondió él cuando Elí le habló? ¿Qué te dice esto acerca de su carácter y potencial para el liderazgo?

• ¿De dónde reconoció Elí que provenía la palabra hablada a Samuel?

• ¿Qué hecho verificó a Samuel como vocero de Dios? ¿Quién lo reconoció como profeta del Señor?

JOSUÉ 1:6-9

⁶ "Sé fuerte y valiente, porque tú darás a este pueblo posesión de la tierra que juré a sus padres que les daría.

⁷ "Solamente sé fuerte y muy valiente. Cuídate

OBSERVA

Hemos visto cómo la valentía -o la falta de ella- afectó al liderazgo de Samuel y Elí. Ahora que llegamos al final de esta semana, veamos una referencia cruzada donde Dios nos habla acerca de la importancia de la valentía en la vida de un líder. Este pasaje detalla las instrucciones de Dios a Josué, cuando él tomó el manto del liderazgo de Israel seguido a la muerte de Moisés.

Líder: Lee en voz alta Josué 1:6-9. Pide que el grupo haga lo siguiente:

- *Dibuje una línea ondulada cada vez que aparezca la frase "**sé fuerte y valiente**":* ～～～
- *Encierre en un círculo cada vez que aparezcan los pronombres (tú) y (tuyo) que se refieran a Josué.*
- *Marque cada referencia a **éxito**, con un signo de exclamación: !*

DISCUTE

- ¿Qué aprendiste al marcar la frase *sé fuerte y valiente*? ¿Quién estaba dando esta orden?

- De acuerdo con este pasaje, ¿cómo alcanzaría Josué el éxito en el liderazgo?

- ¿Qué evidencia podrías citar como apoyo de la conexión entre la valentía y el éxito? ¿El líder contemporáneo, en dónde encuentra su valentía? Discute tus respuestas.

de cumplir toda la ley que Moisés mi siervo te mandó. No te desvíes de ella ni a la derecha ni a la izquierda, para que tengas éxito dondequiera que vayas.

8 "Este Libro de la Ley no se apartará de tu boca, sino que meditarás en él día y noche, para que cuides de hacer todo lo que en él está escrito. Porque entonces harás prosperar tu camino y tendrás éxito.

9 "¿No te *lo* he ordenado Yo? ¡Sé fuerte y valiente! No temas ni te acobardes, porque el SEÑOR tu Dios *estará* contigo dondequiera que vayas."

FINALIZANDO

Al examinar estas escenas de la vida de Elí y Samuel, notamos que un líder efectivo no solo debe estar dispuesto a hacer lo que es correcto, sino también a desafiar a otros para que hagan lo mismo. Y que esto requiere de mucha valentía.

Elí demostró falta de valentía y una vergonzosa actitud en cuanto al trato de sus hijos. Él sabía que ellos habían puesto sus propios y egoístas deseos por encima de su ministerio para con el pueblo de Dios; y aún así, él no tuvo el valor para disciplinarlos efectivamente. Elí falló al permitir que esas acciones pecaminosas amenazaran la salud espiritual del pueblo.

Samuel, por el contrario, demostró gran valentía cuando tuvo que llevarle un duro mensaje a Elí. Samuel escogió obedecer la Palabra de Dios, aun corriendo el riesgo de ofender a su mentor -con quien claramente tenía una relación muy cercana.

Samuel no solo tuvo la valentía de confrontar a su mentor, también tuvo la valentía de confrontar a… ¡toda la nación!

De esta manera, podemos asegurar con plena certeza que la valentía es una cualidad esencial para el liderazgo efectivo.

Pero "valentía" no es ausencia de temor; "valentía" es una disposición para hacer lo correcto, incluso cuando se tenga temor. Tal valentía nos da la fuerza para confrontar a aquellos cercanos a nosotros, con la verdad de la Palabra de Dios. Y, ¿dónde obtenemos esta valentía? La obtenemos a través de un caminar íntimo con Dios, tal como veremos en las siguientes lecciones.

Por ahora, la pregunta por hacerte a ti mismo es ésta: ¿Estás dispuesto a sobresalir donde sea que Dios te haya puesto, y a liderar con autoridad y valentía?

En la semana anterior vimos la falta de valentía de Elí y aprendimos de Samuel que el liderazgo efectivo requiere valentía y fortaleza. Ahora examinemos con mayor profundidad la vida de Samuel, para ver qué podemos descubrir acerca de la fuente de su valentía y cómo trató con los desafíos a su liderazgo. Mientras leas, procura considerar estos principios a la luz de tu propia esfera de influencia (a qué nivel te ha llamado Dios a liderar, y cómo pueden ayudarte estas verdades a cumplir ese rol).

OBSERVA

En la primera intervención registrada de Samuel luego de la muerte de Elí, él desafió al pueblo a probar su lealtad para con el SEÑOR abandonando sus dioses extranjeros y confiando solo en Dios para su protección y liberación.

Líder: Lee en voz alta 1 Samuel 7:3-6. Pide que el grupo haga lo siguiente:

- *Dibuje un rectángulo alrededor de cada referencia a **Samuel**, incluyendo sus pronombres:* ☐
- *Dibuje un corazón como éste ♡ sobre cada mención de la palabra **corazón**.*
- *Marque cada referencia a **la casa de Israel** o **los Israelitas**, incluyendo los pronombres, con una estrella como ésta:* ✡

1 SAMUEL 7:3-6

3 Entonces Samuel habló a toda la casa de Israel: "Si es que ustedes se vuelven al SEÑOR con todo su corazón, entonces quiten de entre ustedes los dioses extranjeros y a Astarot, y dirijan su corazón al SEÑOR, y sírvanle sólo a El; y El los librará de la mano de los Filisteos."

4 Los Israelitas quitaron a los Baales y a Astarot, y sirvieron sólo al SEÑOR.

5 Y Samuel dijo: "Reúnan en Mizpa a todo Israel, y yo oraré al Señor por ustedes."

6 Se reunieron los Israelitas en Mizpa, y sacaron agua y *la* derramaron delante del Señor, ayunaron aquel día y dijeron allí: "Hemos pecado contra el Señor." Y Samuel juzgó a los Israelitas en Mizpa.

DISCUTE

• ¿Cuáles fueron las cuatro cosas que Samuel instruyó que hiciera Israel, en el versículo 3?

• ¿Qué dijo él que ocurriría si ellos obedecían?

• ¿Cómo respondió el pueblo a las instrucciones de Samuel?

• Brevemente describe lo que ocurrió cuando Samuel reunió al pueblo de Israel en Mizpa.

• Discute los principios de liderazgo que Samuel demostró en este pasaje, y cómo podrías ponerlos en práctica en tu rol como líder.

OBSERVA

Líder: Lee en voz alta 1 Samuel 7:7-11.
Pide que el grupo haga lo siguiente:
- *Marque con una estrella cualquier referencia a Israel, incluyendo los sinónimos y pronombres.*
- *Dibuje un rectángulo alrededor de cada referencia a Samuel, incluyendo los pronombres.*
- *Dibuje un triángulo △ sobre cada referencia al SEÑOR, incluyendo los pronombres*

DISCUTE

- En Mizpa, el monte de la humillación y consagración de Israel, los señores de los filisteos subieron contra los israelitas. ¿Cómo respondieron los hijos de Israel, y qué pidieron a Samuel que hiciera?

ACLARACIÓN

La frase *clamar al SEÑOR* se usa aquí como un sinónimo de *orar.*

1 SAMUEL 7:7-11

7 Cuando los Filisteos oyeron que los Israelitas se habían reunido en Mizpa, los príncipes de los Filisteos subieron contra Israel. Cuando oyeron esto los Israelitas, tuvieron temor de los Filisteos.

8 Entonces los Israelitas dijeron a Samuel: "No dejes de clamar al SEÑOR nuestro Dios por nosotros, para que El nos libre de la mano de los Filisteos."

9 Tomó Samuel un cordero de leche y lo ofreció como completo holocausto al SEÑOR; y clamó Samuel al SEÑOR por Israel y el SEÑOR le respondió.

[10] Mientras Samuel estaba ofreciendo el holocausto, los Filisteos se acercaron para pelear con Israel. Pero el S<small>EÑOR</small> tronó con gran estruendo aquel día contra los Filisteos y los confundió, y fueron derrotados delante de Israel.

[11] Saliendo de Mizpa los hombres de Israel, persiguieron a los Filisteos, hiriéndolos hasta más allá de Bet Car.

ACLARACIÓN

Levítico 1-7 describe en detalle los varios tipos de ofrendas por sacrificio requeridas en la Ley de Moisés. La frase *holocausto completo* indicaba un sacrificio en particular, que representaba la total dedicación de la persona quien lo ofrecía al S<small>EÑOR</small>.

• ¿Qué hizo Samuel? ¿Qué aprendes acerca del liderazgo, en base a su ejemplo?

• En el versículo 10 vemos la frase *pero el S<small>EÑOR</small>*. En las Escrituras, esta frase algunas veces es usada como indicación de que Dios está a punto de hacer algo sorprendente. ¿Qué hizo Dios en esta ocasión, y qué ocurrió como resultado?

OBSERVA

Cuando los filisteos supieron de la asamblea, ellos atacaron a Israel en Mizpa; pero el S<small>EÑOR</small> los derrotó con una poderosa demostración de Su poder. En conmemoración de su gran triunfo, Samuel erigió un monumento que llamó *Ebenezer* que literalmente significa "la piedra de la ayuda de Dios".

Líder: Lee en voz alta 1 Samuel 7:12-14.
Pide que el grupo diga en voz alta y...
- *Dibuje un rectángulo alrededor de cada referencia a Samuel*
- *Subraye cada referencia a los filisteos, incluyendo sus pronombres.*

DISCUTE
- ¿A quién atribuyó Samuel la derrota de los filisteos?

- ¿Por qué Samuel hizo lo que hizo, y cuál era el simbolismo detrás de ello?

- ¿Qué aprendiste acerca de los filisteos en este pasaje?

- ¿Qué aprendiste acerca del liderazgo de Samuel en este pasaje? ¿Cómo describirías su influencia? Explica tu respuesta.

1 SAMUEL 7:12-14

¹² Entonces Samuel tomó una piedra y la colocó entre Mizpa y Sen, y la llamó Ebenezer (Piedra de Ayuda) y dijo: "Hasta aquí nos ha ayudado el SEÑOR."

¹³ Los Filisteos fueron sometidos y no volvieron más dentro de los límites de Israel. Y la mano del SEÑOR estuvo contra los Filisteos todos los días de Samuel.

¹⁴ Las ciudades que los Filisteos habían tomado de Israel fueron restituidas a Israel, desde Ecrón hasta Gat, e Israel libró su territorio de la mano de los Filisteos. Y hubo paz entre Israel y los Amorreos.

1 SAMUEL 8:1-10

¹ Cuando Samuel ya era viejo, puso a sus hijos como jueces sobre Israel.

² El nombre de su primogénito era Joel, y el nombre del segundo, Abías; éstos juzgaban en Beerseba.

³ Pero sus hijos no anduvieron en los caminos de su padre, sino que se desviaron tras ganancias deshonestas, aceptaron sobornos y pervirtieron el derecho.

⁴ Entonces se reunieron todos los ancianos de Israel y fueron a Samuel en Ramá,

OBSERVA

Líder: Lee en voz alta 1 Samuel 8:1-10. Pide que el grupo haga lo siguiente:
- *Dibuje un rectángulo alrededor de cada referencia a Samuel, incluyendo los pronombres.*
- *Marque cada referencia a Israel, incluyendo sus sinónimos y pronombres, con una estrella.*
- *Marque cada referencia al SEÑOR, incluyendo los pronombres, con un triángulo.*

DISCUTE

- ¿Qué aprendiste acerca de Samuel y de sus hijos en este pasaje?

- ¿Qué petición hizo Israel? Discute por qué estaba preocupado el pueblo y qué razonamiento había tras su petición.

• ¿Cómo se sintió Samuel acerca de esa petición, y qué acciones tomó?

• ¿Cuál fue la respuesta de Dios a la preocupación de Samuel? ¿Qué le dijo el SEÑOR a Samuel que hiciera?

5 y le dijeron: "Mira, has envejecido y tus hijos no andan en tus caminos. Ahora pues, danos un rey para que nos juzgue, como todas las naciones."

6 Pero fue desagradable a los ojos de Samuel que dijeran: "Danos un rey que nos juzgue." Y Samuel oró al SEÑOR.

7 Y el SEÑOR dijo a Samuel: "Escucha la voz del pueblo en cuanto a todo lo que te digan, pues no te han desechado a ti, sino que Me han desechado a Mí para que Yo no sea rey sobre ellos.

8 "Así como todas las obras que han hecho desde el día en que los saqué de Egipto hasta hoy, abandonándome y sirviendo a otros

dioses, así lo están haciendo contigo también.

[9] "Ahora pues, oye su voz. Sin embargo, les advertirás solemnemente y les harás saber el proceder del rey que reinará sobre ellos."

[10] Entonces Samuel habló todas las palabras del Señor al pueblo que le había pedido rey.

1 SAMUEL 8:19-22

[19] No obstante, el pueblo rehusó oír la voz de Samuel, y dijeron: "No, sino que habrá rey sobre nosotros,

[20] a fin de que seamos como todas las naciones, para que nuestro rey nos juzgue, salga delante de nosotros y dirija nuestras batallas."

• ¿Cómo respondió Samuel a las instrucciones de Dios? ¿Qué revela esto acerca de su carácter como líder?

• En la relación de Samuel con el Señor, ¿qué principios del liderazgo hemos podido ver?

OBSERVA

Líder: Lee en voz alta 1 Samuel 8:19-22. Pide que el grupo...
  • *Marque cada referencia al **pueblo de Israel**, incluyendo los sinónimos y pronombres, con una estrella.*
  • *Dibuje un rectángulo alrededor de cada referencia a **Samuel**, incluyendo los pronombres.*

DISCUTE

• ¿Qué aprendiste acerca del pueblo de Israel en este pasaje?

ACLARACIÓN

El pueblo deseaba tener un rey "a fin de que seamos como todas las naciones, para que nuestro rey nos juzgue, salga delante de nosotros y dirija nuestras batallas" (1 Samuel 8:20). Pero Dios había llamado a la nación de Israel a ser diferente de todas las demás naciones (Levítico 20:26; Deuteronomio 7:6). Y era la directa relación de Dios con Israel lo que les separaba de las otras naciones.

Al pedir un rey, el pueblo de Israel estaba rechazando el directo reinado de Dios sobre ellos, y negando su especial herencia.

• ¿Qué razones dio el pueblo para querer un rey que reinara sobre ellos? ¿Qué nos muestra esto acerca de su fe?

• Después de oír su demanda, ¿qué hizo Samuel? ¿Qué contraste revela esto entre la fe de Samuel y la fe del pueblo?

21 Después que Samuel escuchó todas las palabras del pueblo, las repitió a oídos del SEÑOR.

22 Y el SEÑOR dijo a Samuel: "Escúchalos y nómbrales un rey." Entonces Samuel dijo a los hombres de Israel: "Váyase cada uno a su ciudad."

• Compara la respuesta de Samuel con la manera en que tiendes a reaccionar bajo la presión de otros. ¿Qué principios puedes encontrar en este pasaje, que puedas aplicarlos en tu trato de las demandas de quienes están bajo tu liderazgo?

---

1 SAMUEL 12:1-5

¹ Entonces Samuel dijo a todo Israel: "Yo he escuchado su voz en todo lo que me dijeron, y he puesto un rey sobre ustedes.

² "Ahora, aquí está el rey que va delante de ustedes. Yo *ya* soy viejo y lleno de canas, y mis hijos son parte suya. Yo he andado delante de ustedes desde mi juventud hasta hoy.

OBSERVA

Tal como leeremos la siguiente semana, Dios dirigió a Samuel para que designe al primer rey de Israel; y cuando Samuel entregó las riendas del liderazgo, les dio un discurso de despedida en que le recordó al pueblo su historia, sus responsabilidades y su propio ejemplo de vida en integridad.

Líder: Lee en voz alta 1 Samuel 12:1-5. Pide que el grupo…
  • *Dibuje un rectángulo alrededor de cada referencia a **Samuel** incluyendo los pronombres.*
  • *Marque toda referencia a la palabra **testigo** con una **T**.*

DISCUTE

• ¿Qué aprendiste al marcar las referencias a Samuel en este pasaje? ¿En qué punto de su vida estaba dando este discurso?

• ¿Qué aprendiste acerca del carácter de Samuel como líder, en este pasaje?

• Contrasta esta descripción de Samuel con la manera en que te describirían a ti –y a tus habilidades de liderazgo– quienes están bajo tu autoridad o influencia. Explica brevemente esa descripción.

3 "Aquí estoy; testifiquen contra mí delante del SEÑOR y delante de Su ungido. ¿A quién he quitado un buey, o a quién he quitado un asno, o a quién he defraudado? ¿A quién he oprimido, o de mano de quién he tomado soborno para cegar mis ojos con él? *Testifiquen, y se lo* restituiré."

4 Ellos respondieron: "Tú no nos has defraudado, tampoco nos has oprimido, ni has tomado nada de mano de ningún hombre."

5 Y Samuel les dijo: "El SEÑOR es testigo contra ustedes, y Su ungido es testigo en este día que nada han hallado en mi mano." "*El es* testigo," contestaron ellos.

1 Samuel 12:7-17

⁷ "Ahora pues, preséntense para que yo discuta con ustedes delante del Señor acerca de todos los hechos de justicia del Señor que El hizo *por* ustedes y por sus padres.

⁸ "Cuando Jacob fue a Egipto y sus padres clamaron al Señor, el Señor envió a Moisés y a Aarón, quienes sacaron a sus padres de Egipto y los establecieron en este lugar.

⁹ "Pero ellos olvidaron al Señor su Dios, y El los vendió en manos de Sísara, jefe del ejército de Hazor, en manos de los Filisteos y en manos del rey de Moab, los cuales pelearon contra ellos.

OBSERVA

Después de discutir respecto al liderazgo de Israel, Samuel le dio al pueblo una breve lección de historia.

Líder: Lee en voz alta 1 Samuel 12:7-17. Pide que el grupo diga en voz alta y...
- *Marque cada referencia al Señor, incluyendo los pronombres, con un triángulo.*
- *Dibuje una estrella sobre cada referencia al pueblo y a sus padres, incluyendo los pronombres.*

DISCUTE

- Haz una lista y discute todas las cosas que Dios había hecho por Su pueblo, tal como son descritas en este pasaje.

• ¿Cuál fue la causa de las derrotas que Israel había sufrido, y qué respuesta provocó cada una de ellas?

• Al pedir un rey, ¿a quién, en última instancia, estaba rechazando el pueblo de Israel como su líder?

¹⁰ "Entonces clamaron al SEÑOR, y dijeron: 'Hemos pecado porque hemos dejado al SEÑOR y hemos servido a los Baales y a Astarot; pero ahora, líbranos de la mano de nuestros enemigos, y te serviremos.'

¹¹ "Entonces el SEÑOR envió a Jerobaal, a Bedán, a Jefté y a Samuel, y los libró a ustedes de mano de sus enemigos en derredor, de manera que habitaron con seguridad.

¹² "Cuando vieron que Nahas, rey de los Amonitas, venía contra ustedes, me dijeron: 'No, sino que un rey ha de reinar sobre nosotros,' aunque el SEÑOR su Dios *era* su rey.

¹³ "Ahora pues, aquí está el rey que han escogido, a quien han pedido; éste es a quien el Señor ha puesto rey sobre ustedes.

¹⁴ "Si temen al Señor y Le sirven, escuchan Su voz y no se rebelan contra el mandamiento del Señor, entonces ustedes, como el rey que reine sobre ustedes, estarán siguiendo al Señor su Dios.

¹⁵ "Pero si no escuchan la voz del Señor, sino que se rebelan contra el mandamiento del Señor, entonces la mano del Señor estará contra ustedes, *como estuvo* contra sus padres.

¹⁶ "Preséntense ahora, y vean esta gran cosa que el

• A pesar de la necedad de Israel, ¿qué promesa hizo Dios, a través de Samuel, en los versículos 14-15?

• Discute la declaración de Samuel en los versículos 16-17. ¿Qué esperaba alcanzar y por qué? Explica tu respuesta

SEÑOR hará delante de sus ojos.

17 "¿No es ahora la siega del trigo? Yo clamaré al SEÑOR, para que mande truenos y lluvia. Entonces conocerán y verán que es grande la maldad que han hecho ante los ojos del SEÑOR, al pedir para ustedes un rey."

OBSERVA

Líder: Lee en voz alta 1 Samuel 12:18-25. Pide que el grupo...
  • *Marque cada referencia al **pueblo**, incluyendo los pronombres, con una estrella.*
  • *Dibuje un rectángulo alrededor de cada referencia a **Samuel**, incluyendo los pronombres.*

1 SAMUEL 12:18-25

18 Clamó Samuel al SEÑOR, y el SEÑOR envió aquel día truenos y lluvia; y todo el pueblo temió grandemente al SEÑOR y a Samuel.

19 Entonces todo el pueblo dijo a Samuel: "Ruega por tus siervos al SEÑOR tu Dios para que no

muramos, porque hemos añadido *este* mal a todos nuestros pecados al pedir para nosotros un rey."

DISCUTE

• Cuando el pueblo atestiguó la lluvia y el trueno, –algo nunca escuchado durante la cosecha del trigo– ¿cómo respondieron ellos?

²⁰ Y Samuel dijo al pueblo: "No teman; aunque ustedes han hecho todo este mal, no se aparten de seguir al SEÑOR, sino sirvan al SEÑOR con todo su corazón.

²¹ "No se deben apartar, porque *entonces irían* tras vanidades que ni ayudan ni libran, pues son vanidades.

• Específicamente, ¿qué le pidió el pueblo a Samuel que hiciera, y cuál fue su respuesta?

²² "Porque el SEÑOR, a causa de Su gran nombre, no desamparará a Su pueblo, pues el SEÑOR se ha complacido en hacerlos pueblo Suyo.

• ¿Qué cualidades del carácter de Dios se manifiestan en estos versículos?

23 "Y en cuanto a mí, lejos esté de mí que peque contra el SEÑOR cesando de orar por ustedes, antes bien, les instruiré en el camino bueno y recto.

24 "Solamente teman al SEÑOR y sírvanle en verdad con todo su corazón; pues han visto cuán grandes cosas ha hecho por ustedes.

• ¿Qué cualidades del liderazgo son evidenciadas por Samuel en este pasaje? (particularmente en el versículo 23)?

25 "Pero si perseveran en hacer mal, ustedes y su rey perecerán."

FINALIZANDO

¡Qué gran riqueza de principios de liderazgo encontramos en la vida de Samuel!

Una marca distintiva del liderazgo de Samuel era su activa vida de oración, una prioridad clave para cualquier líder piadoso. En esta semana, a través de varios pasajes de la Biblia, observamos a Samuel hablando frecuentemente con Dios. Él pidió dirección, escuchó para tener una respuesta y obedeció las instrucciones del Señor. Además, Samuel intercedió delante de Dios a favor del pueblo.

También vimos que Samuel vivió y guió a su pueblo con integridad; inclusive cuando quienes estaban bajo su liderazgo le hicieron demandas necias.

En lugar de atacar con ira, o de ahogarse por la presión, él llevó sus preocupaciones directamente a Dios, escogiendo ser guiado por Su respuesta. Y aunque renunció a su rol como líder de Israel, sintiéndose herido y decepcionado, Samuel se negó a pecar dejando de orar por el pueblo.

Y una característica más del liderazgo de Samuel, fue la comunicación de una visión clara, evidente en su despedida dirigida al pueblo de Israel. Samuel no solo estaba repasando la historia; él estaba recordándoles su único y particular llamado como pueblo de Dios. Sus palabras nos recuerdan que un líder efectivo manifiesta la habilidad de brindar a las personas una visión de quiénes son y lo que son llamadas a hacer.

¿Qué hay acerca de ti? ¿El seguir el ejemplo de Samuel, cómo podría fortalecer tu efectividad en tus varios roles de liderazgo, como padre o abuelo, supervisor, líder ministerial, maestro o coordinador de grupo? ¿Estás orando con regularidad por quienes están bajo tu cuidado? ¿Estás buscando la respuesta de Dios a tus desafíos, o estás tratando de acomodar las cosas por ti mismo? ¿Y qué testimonio da tu vida, de tu compromiso a vivir con integridad y fe?

¿Alguna vez te has encontrado inesperadamente en una posición de liderazgo? ¿Por momentos te has sentido inadecuado para ciertas tareas a las que Dios te ha llamado? ¿Qué acciones deberás de tomar y qué características has de cultivar, si deseas que Dios bendiga tu liderazgo? ¿Y cómo puedes tomar decisiones sabias, incluso cuando estés bajo una fuerte presión?

Estas son algunas preguntas que consideraremos durante esta semana, mientras examinamos las fortalezas y debilidades del primer rey de Israel.

OBSERVA

La semana anterior vimos que el pueblo de Israel quería ser como las otras naciones aunque Dios los había llamado a ser santos –a ser separados. Frente a esto, Dios, luego de advertirles el costo, les otorgó su petición. Conozcamos ahora al hombre que se convertiría en el primer rey de Israel; y cuando leas estos pasajes, ten en mente que el hombre de Dios –que aquí también es mencionado– era el profeta Samuel.

Líder: Lee en voz alta 1 Samuel 9:1-10. Pide que el grupo diga en voz alta y...
- *Encierre en un círculo cada referencia a **Saúl**, incluyendo sus pronombres.*
- *Dibuje un rectángulo alrededor de cada referencia al **hombre de Dios**, incluyendo los sinónimos y pronombres.*

1 SAMUEL 9:1-10

1 Había un hombre de Benjamín que se llamaba Cis, hijo de Abiel, hijo de Zeror, hijo de Becorat, hijo de Afía, hijo de un Benjamita, un hombre poderoso e influyente.

2 Tenía un hijo que se llamaba Saúl, joven y bien parecido. No había nadie más bien parecido que él entre los Israelitas; de los hombros arriba sobrepasaba a cualquiera del pueblo.

³ Las asnas de Cis, padre de Saúl, se habían perdido, por lo cual Cis dijo a su hijo Saúl: "Toma ahora contigo uno de los criados, levántate, y ve en busca de las asnas."

⁴ *Saúl* pasó por la región montañosa de Efraín y recorrió la tierra de Salisa, pero no las hallaron. Luego pasaron por la tierra de Saalim, pero no *estaban allí*. Después atravesaron la tierra de los Benjamitas, pero tampoco *las* encontraron.

⁵ Cuando llegaron a la tierra de Zuf, Saúl dijo al criado que estaba con él: "Ven, regresemos, no sea que mi padre deje *de preocuparse* por las asnas y se angustie por nosotros."

DISCUTE

• ¿Qué características físicas de Saúl pueden observarse en este pasaje?

• ¿Qué más te diste cuenta acerca de él?

• ¿A quién se volvió Saúl por ayuda, cuando buscaba las asnas pertenecientes a su padre?

• ¿Qué lo guió a esta acción?

⁶ El criado le respondió: "Mira, en esta ciudad hay un hombre de Dios, el cual es tenido en alta estima; todo lo que él dice se cumple sin falta. Vayamos ahora, quizá pueda orientarnos acerca de la jornada que hemos emprendido."

⁷ Entonces Saúl dijo a su criado: "Pero, si vamos, ¿qué le llevaremos al hombre? Porque el pan de nuestras alforjas se ha acabado y no hay presente para llevar al hombre de Dios. ¿Qué tenemos?"

⁸ Y el criado volvió a responder a Saúl: "Aquí tengo la cuarta parte de un siclo (unos tres gramos) de plata; se *lo* daré al hombre de Dios, y él nos indicará nuestro camino."

[9] (Antiguamente en Israel, cuando uno iba a consultar a Dios, decía: "Vengan, vamos al vidente;" porque al que hoy *se le llama* profeta, antes se le llamaba vidente.)

[10] Entonces Saúl dijo a su criado: "Bien dicho; anda, vamos." Y fueron a la ciudad donde *estaba* el hombre de Dios.

- Según lo aprendido la semana pasada, ¿cuán conocido era Samuel?

- ¿Qué nos indica la conversación de Saúl con su siervo, sobre la conciencia espiritual del mismo?

OBSERVA

Líder: Lee en voz alta 1 Samuel 9:15-21.
Pide que el grupo haga lo siguiente:
- *Encierre en un círculo cada referencia a **Saúl**, incluyendo sus pronombres.*
- *Marque cada referencia al SEÑOR, incluyendo los pronombres, con un triángulo.*
- *Dibuje un rectángulo alrededor de cada referencia a **Samuel**, incluyendo los sinónimos y pronombres.*

DISCUTE

- Discute la conversación entre el SEÑOR y Samuel. ¿Qué aprendiste de marcar las referencias *al SEÑOR?*

- ¿Qué aprendiste acerca de Samuel en esa conversación?

1 SAMUEL 9:15-21

¹⁵ Ahora bien, un día antes de la llegada de Saúl, el SEÑOR había revelado esto a Samuel:

¹⁶ "Mañana como a esta hora te enviaré un hombre de la tierra de Benjamín, lo ungirás para que sea príncipe sobre Mi pueblo Israel, y él librará a Mi pueblo del dominio de los Filisteos. Porque Yo he visto la aflicción de Mi pueblo, pues su clamor ha llegado hasta Mí."

¹⁷ Cuando Samuel vio a Saúl, el SEÑOR le dijo: "Este es el hombre de quien te hablé. El gobernará a Mi pueblo."

18 Entonces Saúl se acercó a Samuel en medio de la puerta y *le* dijo: "Le ruego que me enseñe dónde está la casa del vidente."

19 Respondió Samuel a Saúl: "Yo soy el vidente. Sube delante de mí al lugar alto, pues hoy comerás conmigo, y por la mañana te dejaré ir y te declararé todo lo que está en tu corazón.

20 "En cuanto a tus asnas que se perdieron hace tres días, no te preocupes por ellas pues han sido halladas. Y ¿para quién es todo lo deseable en Israel? ¿No es para ti y para toda la casa de tu padre?"

• ¿Qué aprendiste acerca de Samuel en su conversación con Saúl?

• ¿Qué aprendiste acerca de Saúl en este pasaje?

• ¿Qué revela la respuesta de Saúl, en el versículo 21, con respecto a su carácter?

21 Saúl respondió: "¿No soy yo Benjamita, de la más pequeña de las tribus de Israel, y *no es* mi familia la menos importante de todas las familias de la tribu de Benjamín? ¿Por qué, pues, me habla de esta manera?"

1 SAMUEL 9:27-10:1

OBSERVA

Saúl se sentó a la cabecera de la mesa, como invitado de honor de Samuel; luego, fueron juntos a la casa de Samuel en el pueblo, donde ambos conversaron en el terrado. Al término de su visita, Samuel caminó con Saúl y su siervo hasta el límite del pueblo.

Líder: Lee en voz alta 1 Samuel 9:27–10:1. Pide que el grupo diga en voz alta y...
- *Dibuje un rectángulo alrededor de cada referencia a **Samuel**, incluyendo los pronombres.*
- *Encierre en un círculo cada referencia a **Saúl**, incluyendo los pronombres.*

27 Mientras descendían a las afueras de la ciudad, Samuel dijo a Saúl: "Dile al criado que pase delante de nosotros y siga, pero tú quédate para que yo te declare la palabra de Dios."

10:1 Entonces Samuel tomó el frasco de aceite, la derramó sobre la cabeza de Saúl, lo besó y le dijo: "¿No te ha ungido el SEÑOR por príncipe sobre Su heredad?

1 SAMUEL 10:17-24,27

¹⁷ Después Samuel convocó al pueblo delante del SEÑOR en Mizpa;

¹⁸ y dijo a los hijos de Israel: "Así dice el SEÑOR, Dios de Israel: 'Yo saqué a Israel de Egipto, y los libré del poder de los Egipcios y del poder de todos los reinos que los oprimían.'

¹⁹ "Pero ustedes han rechazado hoy a su Dios, que los libra de todas sus calamidades y sus angustias, y han dicho: 'No, sino pon un rey sobre nosotros.' Ahora pues, preséntense delante del SEÑOR por sus tribus y por sus familias."

DISCUTE

• ¿Qué suceso es descrito en estos versículos?

• ¿Este fue un suceso público o privado?

OBSERVA

Líder: Lee en voz alta 1 Samuel 10:17-24, 27.
Pide que el grupo haga lo siguiente:
  • *Dibuje un rectángulo alrededor de cada referencia a **Samuel**, incluyendo los pronombres.*
  • *Marque cada referencia a **Dios**, incluyendo los sinónimos y pronombres, con un triángulo.*
  • *Encierre en un círculo cada referencia a **Saúl**, incluyendo sus sinónimos y pronombres.*

DISCUTE

• Discute todo lo aprendido en este pasaje acerca de Samuel y su mensaje a los hijos de Israel.

• ¿Qué acciones observaste realizar a Saúl, en este pasaje?

20 Samuel hizo que se acercaran todas las tribus de Israel, y fue escogida por sorteo la tribu de Benjamín.

21 Entonces hizo que se acercara la tribu de Benjamín por sus familias, y fue escogida la familia de Matri. Y Saúl, hijo de Cis, fue escogido; pero cuando lo buscaron no lo pudieron hallar.

22 Volvieron, pues, a consultar al SEÑOR: "¿Llegó ya el hombre aquí?" Y el SEÑOR respondió: "Sí, está escondido junto al equipaje."

23 Corrieron y lo trajeron de allí. Cuando estuvo en medio del pueblo, de los hombros arriba sobrepasaba a todos.

²⁴ Y Samuel dijo a todo el pueblo: "¿Ven al que el SEÑOR ha escogido? En verdad que no hay otro como él entre todo el pueblo." Entonces todo el pueblo gritó, y dijo: "¡Viva el rey!"

²⁷ Pero *ciertos* hombres indignos dijeron: "¿Cómo puede éste salvarnos?" Y lo despreciaron y no le trajeron presente alguno. Pero él guardó silencio.

• ¿Qué te indica esto acerca de su carácter? ¿Acerca de su relación con Dios?

• Según lo leído, ¿en qué tipo de líder tenía el potencial de convertirse Saúl?

• ¿Qué comportamiento observado en Samuel -a través de este pasaje- nos demuestra la valentía de su liderazgo?

OBSERVA

Tiempo después que Samuel revelara la decisión de Dios respecto al líder para Su pueblo, Saúl guió un exitoso asalto contra los amonitas; quienes habían sitiado el pueblo israelita de Jabes de Galaad. Esa victoria silenció toda crítica, y Saúl asumió oficialmente el título y responsabilidades correspondientes al primer rey de Israel.

Líder: Lee en voz alta 1 Samuel 13:1-7.
Pide que el grupo...
* *Encierre en un círculo cada referencia a **Saúl**, incluyendo los pronombres.*
* *Marque con una estrella cada referencia a **Israel**, incluyendo sus sinónimos y pronombres.*

DISCUTE

* ¿Qué aprendiste al marcar las referencias a Saúl?

1 SAMUEL 13:1-7

¹ Saúl tenía *treinta* años cuando comenzó a reinar, y reinó *cuarenta y* dos años sobre Israel.

² Y Saúl escogió para sí 3,000 hombres de Israel, de los cuales 2,000 estaban con Saúl en Micmas y en la región montañosa de Betel (Casa de Dios), y 1,000 estaban con Jonatán en Geba de Benjamín. Y al resto del pueblo lo despidió, cada uno a su tienda.

³ Jonatán hirió la guarnición de los Filisteos que *estaba* en Geba, y *lo* supieron los Filisteos. Entonces Saúl tocó la trompeta por toda la tierra diciendo: "Que lo oigan los Hebreos."

⁴ Y todo Israel oyó decir que Saúl había herido la guarnición de los Filisteos, y también que Israel se había hecho odioso a los Filisteos. Entonces el pueblo se reunió con Saúl en Gilgal.

• Realmente, ¿quién había derrotado a los filisteos en Geba?

⁵ Y los Filisteos se reunieron para pelear contra Israel: 30,000 carros, 6,000 hombres de a caballo y gente tan numerosa como la arena a la orilla del mar; y subieron y acamparon en Micmas, al oriente de Bet Avén.

• ¿Quién se llevó el crédito de esa derrota?

⁶ Cuando los hombres de Israel vieron que estaban en un apuro, pues el pueblo estaba en gran aprieto, el pueblo se escondió en cuevas, en matorrales, en peñascos, en sótanos y en fosos.

• ¿Cómo respondieron los israelitas a la reunión de los filisteos en Micmas?

• ¿Qué conclusiones puedes obtener acerca del estilo de liderazgo de Saúl, en este pasaje?

OBSERVA

Como líderes, de vez en cuando enfrentamos ciertas encrucijadas donde el curso de acción que escogemos, en una situación difícil, podrá fortalecer o debilitar significativamente nuestra efectividad. Veamos cómo respondió Saúl al estar bajo circunstancias desafiantes.

Líder: Lee en voz alta 1 Samuel 13:8-14.
Pide que el grupo…
 • *Encierre en un círculo cada referencia a **Saúl**, incluyendo los pronombres.*
 • *Dibuje un rectángulo alrededor de cada referencia a **Samuel**, incluyendo los pronombres.*

⁷ También *algunos de* los Hebreos pasaron el Jordán a la tierra de Gad y de Galaad. Pero Saúl *estaba* todavía en Gilgal, y todo el pueblo le seguía atemorizado.

1 SAMUEL 13:8-14

⁸ El esperó siete días, conforme al tiempo que Samuel había señalado, pero Samuel no llegaba a Gilgal, y el pueblo se le dispersaba.

⁹ Entonces Saúl dijo: "Tráiganme el holocausto y las ofrendas de paz." Y él ofreció el holocausto.

¹⁰ Tan pronto como terminó de ofrecer el holocausto, llegó Samuel; y Saúl salió a su encuentro para saludarle.

DISCUTE

• ¿Cuál había sido la instrucción dada por Samuel?

¹¹ Pero Samuel dijo: "¿Qué has hecho?" Y Saúl respondió: "Como vi que el pueblo se me dispersaba, que tú no llegabas dentro de los días señalados y que los Filisteos estaban reunidos en Micmas,

• Y, ¿qué hizo Saúl?

ACLARACIÓN

De acuerdo con Levítico 1-7, todos los sacrificios debían ser hechos únicamente por un descendiente de Aarón, de la tribu de Leví. En otras palabras, solo al sacerdote le era permitido presentar una ofrenda de holocausto. Y, como hemos visto, Saúl era miembro de la tribu de Benjamín.

¹² me dije: 'Ahora los Filisteos descenderán contra mí en Gilgal, y no he implorado el favor del SEÑOR.' Así que me vi forzado, y ofrecí el holocausto."

• ¿Qué justificación dio Saúl para sus acciones?

• Mira nuevamente los versículos 11-12. ¿Qué actitud o preocupación parece ser la esencial en las decisiones de Saúl?

• El pecado siempre trae consecuencias. ¿Cuál dijo Samuel que sería la consecuencia de la desobediencia de Saúl?

• Describe una situación en la que te hayas sentido presionado a ir más allá de lo dicho por Dios. ¿Cómo respondiste, y cuál fue el resultado?

• ¿Qué presiones estás enfrentando hoy, que puedan compararse con la situación de Saúl?

• ¿Qué aprendiste acerca del estilo de liderazgo de Saúl, en este pasaje?

13 Samuel dijo a Saúl: "Has obrado neciamente; no has guardado el mandamiento que el SEÑOR tu Dios te ordenó, pues ahora el SEÑOR hubiera establecido tu reino sobre Israel para siempre.

14 "Pero ahora tu reino no perdurará. El SEÑOR ha buscado para sí un hombre conforme a Su corazón, y el SEÑOR lo ha designado como príncipe sobre Su pueblo porque tú no guardaste lo que el SEÑOR te ordenó."

FINALIZANDO

Saúl parecía perfecto para el rol de liderazgo. Era alto, fuerte y apuesto, sin mencionar su humildad. Su propio padre fue descrito como "un hombre poderoso e influyente" (1 Samuel 9:1). Ya Dios había señalado a Saúl como rey, el pueblo lo aprobó y Samuel se mantenía orando por él. Entonces, ¿qué pudo haber salido mal?

Podemos encontrar ciertas señales de problema, presentes desde muy temprano. Saúl, realmente no había aprendido a confiar por completo en Dios, así que nunca se rindió totalmente a Sus caminos. Por ejemplo, a través de Samuel él supo exactamente lo que Dios le había llamado a hacer; pero, en lugar de dar un paso al frente en fe en el momento apropiado, él se escondió junto al equipaje. Luego, nuevamente en Gilgal, sintió pánico mientras esperaba a Samuel; y por estar preocupado de que el pueblo huyera, violó la Ley ofreciendo él mismo aquel sacrificio. Las decisiones de Saúl estuvieron basadas en el temor, y no en la fe.

¿Qué hay de ti? Mientras examinas tu liderazgo, forma de encarar los desafíos y toma de decisiones, hazte a ti mismo las siguientes preguntas:

- *¿Puedo decir honestamente que estoy totalmente rendido a Dios?*
- *¿Mi liderazgo está caracterizado por el temor o la fe?*
- *¿Me rindo a la presión ejercida por quienes lidero?*
- *¿Busco encontrar mis propias soluciones, o busco las soluciones de Dios?*

Pasa algo de tiempo en oración considerando estas preguntas. Deja que Dios haga brillar Su santa luz en los rincones de tu corazón, y luego responde en obediencia a lo que Él te revele.

¿Eres un líder o simplemente la persona encargada? ¿Sabes qué marca la diferencia entre ambos?

Ser un líder es esencialmente diferente de ser simplemente un representante, alguien que ha sido encargado. El trabajo de un representante es cumplir, o seguir, la voluntad del pueblo. Un líder, en cambio, establece un curso para que otros le sigan.

En el contexto cristiano, un líder es quien dirige a las personas por el camino de obediencia a Dios. Y esto requiere dos cosas: Primero, el líder debe estar escuchando la voz de Dios. Segundo, el líder debe tener la valentía y fuerza de voluntad para guiar al pueblo con autoridad bíblica, y no simplemente representarlos.

Veamos cuán bien encajó Saúl en este patrón de liderazgo efectivo.

OBSERVA

Mucho antes que Saúl se convirtiera en rey, los amalecitas atacaron cruelmente a Israel; un suceso que Dios prometió vengar en el momento oportuno (busca Éxodo 17:8-16; Deuteronomio 25:17-19.) Y el momento oportuno llegó durante el reinado de Saúl.

Líder: Lee en voz alta 1 Samuel 15:1-9.
Pide que el grupo diga en voz alta y...
- *Encierre en un círculo cada referencia a **Saúl**, incluyendo los pronombres.*
- *Marque toda referencia a la palabra **destruir** con una línea en zigzag como ésta:* ⋀⋁⋀⋁

1 SAMUEL 15:1-9

1 Entonces Samuel dijo a Saúl: "El SEÑOR me envió a que te ungiera por rey sobre Su pueblo, sobre Israel; ahora pues, está atento a las palabras del SEÑOR.

2 "Así dice el SEÑOR de los ejércitos: 'Yo castigaré a Amalec *por* lo que hizo a Israel, cuando se puso contra él en el camino mientras subía de Egipto.

[3] 'Ve ahora, y ataca a Amalec, y destruye por completo todo lo que tiene, y no te apiades de él; antes bien, da muerte tanto a hombres como a mujeres, a niños como a niños de pecho, a bueyes como a ovejas, a camellos como a asnos.'"

[4] Entonces Saúl convocó al pueblo, y los contó en Telaim: 200,000 soldados de a pie, y 10,000 hombres de Judá.

[5] Saúl fue a la ciudad de Amalec y se emboscó en el valle.

[6] Y dijo Saúl a los Quenitas: "Váyanse, apártense, desciendan de entre los Amalecitas, para que yo no los destruya junto con ellos; porque ustedes mostraron misericordia a

DISCUTE

• ¿Qué instrucciones le dio Dios a Saúl, por medio de Samuel?

• ¿Obedeció Saúl esas instrucciones? Explica tu respuesta.

- Basados en lo leído en el versículo 9, describe la aparente motivación detrás de las acciones de Saúl.

- Discute lo que aprendiste de este pasaje, con respecto al liderazgo de Saúl.

- ¿Cuán importante es obedecer por completo?

todos los Israelitas cuando subían de Egipto." Entonces los Quenitas se apartaron de entre los Amalecitas.

[7] Saúl derrotó a los Amalecitas desde Havila en dirección a Shur, que está al oriente de Egipto.

[8] Capturó vivo a Agag, rey de los Amalecitas, y destruyó por completo a todo el pueblo a filo de espada.

[9] Pero Saúl y el pueblo perdonaron a Agag, y lo mejor de las ovejas, de los bueyes, de los animales engordados, de los corderos y de todo lo bueno. No lo quisieron destruir por completo; pero todo lo despreciable y sin valor lo destruyeron totalmente.

1 SAMUEL 15:10-15

¹⁰ Entonces vino la palabra del SEÑOR a Samuel:

¹¹ "Me pesa haber hecho rey a Saúl, porque ha dejado de seguirme y no ha cumplido Mis mandamientos." Y Samuel se conmovió, y clamó al SEÑOR toda la noche.

¹² Y se levantó Samuel muy de mañana para *ir* al encuentro de Saúl; y se le dio aviso a Samuel: Saúl se ha ido a Carmel, donde se ha levantado un monumento para sí, y dando la vuelta, ha seguido adelante bajando a Gilgal.

¹³ Entonces Samuel vino a Saúl, y Saúl le dijo: "¡Bendito seas del SEÑOR!

OBSERVA

Hemos visto que Saúl falló al no cumplir totalmente las instrucciones de Dios. Y como líder era de esperarse que él llevara sobre sí la responsabilidad de las acciones de su pueblo y de sus propias decisiones.

Líder: Lee en voz alta 1 Samuel 15:10-15. Pide que el grupo haga lo siguiente:

- *Marque cada referencia al SEÑOR, incluyendo los pronombres, con un triángulo.*
- *Dibuje un rectángulo alrededor de cada referencia a Samuel, incluyendo sus pronombres.*
- *Encierre con un círculo cada referencia a Saúl, incluyendo los pronombres.*

DISCUTE

- ¿Qué aprendiste acerca de las emociones y preocupaciones de Dios, referentes al liderazgo de Saúl, en este pasaje?

• ¿Cómo respondió Samuel a las palabras del SEÑOR?

• Después de la batalla, ¿dónde había ido Saúl, y por qué razón?

ACLARACIÓN

Gilgal era un estratégico sitio militar con una gran importancia religiosa para el pueblo de Israel durante aquella época. Es el mismo lugar en que Saúl, en sus inicios, desobedeció a Samuel cuando se le ordenó esperar siete días para que el profeta presentara ofrendas de holocausto y de paz a Dios.

Gilgal también fue el lugar en el que Saúl había sido confirmado como rey (1 Samuel 11:14).

• Cuando Samuel se acercó a Saúl, ¿quién habló primero, y qué dijo?

• ¿Qué revelan las palabras de quien habló, acerca del carácter de este hombre? Explica tu respuesta.

He cumplido el mandamiento del SEÑOR."

¹⁴ Pero Samuel dijo: "¿Qué es este balido de ovejas en mis oídos y el mugido de bueyes que oigo?"

¹⁵ Y Saúl respondió: "Los han traído de los Amalecitas, porque el pueblo perdonó lo mejor de las ovejas y de los bueyes, para sacrificar al SEÑOR tu Dios; pero lo demás lo destruimos por completo."

• Cuando fue confrontado con la verdad, ¿cómo respondió Saúl, y sobre quién echó la responsabilidad?

• Describe alguna ocasión en que hayas justificado una obediencia parcial. ¿Cuál fue el resultado?

1 SAMUEL 15:16-23

¹⁶ Dijo entonces Samuel a Saúl: "Espera, déjame declararte lo que el SEÑOR me dijo anoche." Y él le dijo: "Habla."

¹⁷ Y Samuel dijo: "¿No es verdad que aunque eras pequeño a tus propios ojos, fuiste *nombrado* jefe de las tribus de Israel y el SEÑOR te ungió rey sobre Israel,

¹⁸ y que el SEÑOR te envió en una misión, y te dijo: 'Ve, y destruye

OBSERVA

Líder: Lee en voz alta 1 Samuel 15:16-23. Pide que el grupo haga lo siguiente:
- *Encierre en un círculo cada referencia a **Saúl**, incluyendo los pronombres.*
- *Dibuje un triángulo sobre cada referencia al **SEÑOR**, incluyendo los pronombres.*
- *Marque toda referencia a **obedecer** con una **O** grande.*

DISCUTE

• ¿Qué esperaba Dios de Saúl como líder de Su pueblo?

• De acuerdo con los versículos 22 y 23, ¿cómo describió Samuel el liderazgo de Saúl?

- ¿Cómo describirías el liderazgo de Samuel en esta historia?

- ¿Cómo respondió Saúl cuando fue confrontado por su desobediencia?

- ¿Cuál fue la consecuencia de las acciones de Saúl como líder de Israel?

- ¿Qué conclusiones puedes obtener de este pasaje, acerca de las expectativas de Dios para cualquiera que ha recibido la responsabilidad de guiar a otros?

por completo a los pecadores, los Amalecitas, y lucha contra ellos hasta que sean exterminados?'

19 "¿Por qué, pues, no obedeciste la voz del SEÑOR, sino que te lanzaste sobre el botín e hiciste lo malo ante los ojos del SEÑOR?"

20 Entonces Saúl dijo a Samuel: "Yo obedecí la voz del SEÑOR, y fui en la misión a la cual el SEÑOR me envió, y he traído a Agag, rey de Amalec, y he destruido por completo a los Amalecitas.

21 "Pero el pueblo tomó del botín ovejas y bueyes, lo mejor de las cosas dedicadas al anatema (a la destrucción), para

ofrecer sacrificio al SEÑOR tu Dios en Gilgal."

²² Y Samuel dijo:
"¿Se complace
el SEÑOR *tanto*
En holocaustos y
sacrificios Como
en la obediencia a
la voz del SEÑOR?
Entiende, el
obedecer es mejor
que un sacrificio, *Y*
el prestar atención,
que la grasa de los
carneros.

²³ Porque la
rebelión *es como* el
pecado de
adivinación, Y la
desobediencia,
como la iniquidad e
idolatría. Por cuanto
tú has desechado la
palabra del SEÑOR,
El también te ha
desechado para que
no seas rey."

• Lee una vez más el versículo 22. En nuestra cultura actual, ¿qué podría compararse con las "ofrendas de holocausto y sacrificios" de los días de Saúl?

• Según lo que has leído, ¿cuán importante es la completa obediencia a las instrucciones de Dios? ¿Qué podemos aprender de esto, que haga de nosotros unos mejores líderes?

OBSERVA

Líder: Lee en voz alta 1 Samuel 15:24-35.
Pide que el grupo haga lo siguiente…
- *Encierre en un círculo cada referencia a **Saúl**, incluyendo sus pronombres.*
- *Dibuje un rectángulo alrededor de cada referencia a **Samuel**, incluyendo los pronombres.*
- *Dibuje un triángulo sobre cada referencia al **SEÑOR**, incluyendo los sinónimos y pronombres.*

DISCUTE

- En este punto, ¿cómo respondió Saúl al pronunciamiento de Samuel sobre el juicio de Dios?

- Basados en lo que leíste en este pasaje, ¿estaba Saúl verdaderamente arrepentido por todo lo que había hecho? Explica tu respuesta.

1 SAMUEL 15:24-35

²⁴ Entonces Saúl dijo a Samuel: "He pecado. En verdad he quebrantado el mandamiento del SEÑOR y tus palabras, porque temí al pueblo y escuché su voz.

²⁵ "Ahora pues, te ruego que perdones mi pecado y vuelvas conmigo para que adore al SEÑOR."

²⁶ Pero Samuel respondió a Saúl: "No volveré contigo; porque has desechado la palabra del SEÑOR, y el SEÑOR te ha desechado para que no seas rey sobre Israel."

²⁷ Cuando Samuel se volvía para irse, *Saúl* asió el borde de su manto, *y éste* se rasgó.

28 Entonces Samuel le dijo: "Hoy el Señor ha arrancado de ti el reino de Israel, y lo ha dado a un prójimo tuyo que es mejor que tú.

29 "También la Gloria de Israel no mentirá ni cambiará su propósito, porque El no es hombre para que cambie de propósito."

30 Saúl respondió: "He pecado, *pero* te ruego que me honres ahora delante de los ancianos de mi pueblo y delante de Israel y que regreses conmigo para que yo adore al Señor tu Dios."

31 Volvió Samuel tras Saúl, y Saúl adoró al Señor.

• Discute lo que hizo Samuel en los versículos 32-34, y cualquier posible explicación de sus acciones.

• ¿Quiénes resultaron también afectados por el fracaso en el liderazgo de Saúl, y cómo fueron afectados?

• ¿Qué aprendes acerca del carácter de Dios en este pasaje?

- Teniendo en mente lo aprendido en las tres semanas anteriores, compara el estilo de liderazgo de Samuel con el de Saúl.

- ¿Qué has aprendido de sus ejemplos, que puedas aplicar a tu propia vida? ¿A tu rol como líder?

32 Entonces Samuel dijo: "Tráiganme a Agag, rey de los Amalecitas." Y Agag vino a él alegremente. Y Agag dijo: "Ciertamente, la amargura de la muerte ha pasado *ya.*"

33 Pero Samuel dijo: "Como tu espada ha dejado a las mujeres sin hijos, así *también* tu madre será sin hijo entre las mujeres." Y Samuel despedazó a Agag delante del SEÑOR en Gilgal.

34 Luego Samuel se fue a Ramá, pero Saúl subió a su casa en Guibeá de Saúl.

35 Samuel no vio más a Saúl mientras vivió. Y Samuel lloraba por Saúl, pues el SEÑOR se había arrepentido de haber puesto a Saúl por rey sobre Israel.

FINALIZANDO

Al inicio de la semana planteamos esta pregunta: "¿Eres un líder o solo una persona que ha sido puesta al frente?" Confiamos que tu estudio de la vida de Saúl haya traído algo de luz sobre la diferencia entre ambas posibilidades.

Resulta obvio, en base a lo leído, que Saúl fracasó en la prueba del verdadero liderazgo; pues, en lugar de escuchar las claras instrucciones de Dios y guiar a Su pueblo en completa obediencia, Saúl escogió el camino de la obediencia parcial, culpando al pueblo por su decisión. Pero, tanto Dios como Samuel responsabilizaron a Saúl, y no al pueblo, por desobedecer las instrucciones de Dios referentes a destruir a los amalecitas y todo lo asociado con ellos. ¿Por qué lo responsabilizaron a Saúl? Porque Dios lo había llamado a ser un líder, y no solo el hombre al frente de su pueblo.

¿Qué hay acerca de ti? ¿Aceptas la responsabilidad por tus fracasos como líder, o echas la culpa a otros? ¿Estás comprometido a obedecer todas las órdenes del Señor o solo las que parecen ser convenientes? Tus respuestas a estas preguntas determinarán si realmente estás siendo el líder que Dios te ha llamado a ser o no.

En las lecciones pasadas observamos los fracasos de Saúl como líder; fracasos que resultaron en que Dios lo rechazara como rey de Israel. En 1 Samuel 13:14 leemos la declaración de Samuel respecto a que el reinado de Saúl no duraría mucho. Más bien, "el SEÑOR ha buscado para sí un hombre conforme a Su corazón". Y con esta descripción en mente, veamos ahora algunos pasajes que revelan exactamente qué tipo de líder estaba buscando Dios.

OBSERVA

El SEÑOR le encargó a Samuel que ungiera al sucesor de Saúl para el trono de Israel; pero sería Dios, y no Samuel, quien lo escogería.

Líder: Lee en voz alta 1 Samuel 16:1-13. Pide que el grupo haga lo siguiente:
- *Marque cada referencia al **SEÑOR**, incluyendo los pronombres y sinónimos, con un triángulo.*
- *Marque con una línea diagonal cada vez que aparezca **no ha escogido** y **desechado**, así:* /
- *Dibuje un corazón sobre cada vez que aparezca la palabra **corazón**.*

DISCUTE

- ¿Qué instrucciones le dio el SEÑOR a Samuel?

1 SAMUEL 16:1-13

[1] Y el SEÑOR dijo a Samuel: "¿Hasta cuándo te lamentarás por Saúl, después que Yo lo he desechado para que no reine sobre Israel? Llena tu cuerno de aceite y ve; te enviaré a Isaí, el de Belén (Casa del Pan), porque de entre sus hijos he escogido un rey para Mí."

[2] Samuel respondió: "¿Cómo puedo ir? Cuando Saúl *lo* sepa, me matará." Y el SEÑOR dijo: "Toma contigo una novilla y di: 'He venido a ofrecer sacrificio al SEÑOR.'

³ "Invitarás a Isaí al sacrificio y Yo te mostraré lo que habrás de hacer; entonces me ungirás a aquél que Yo te indique."

⁴ Samuel hizo lo que el SEÑOR dijo, y fue a Belén. Y los ancianos de la ciudad vinieron a su encuentro temblando y dijeron: "¿Vienes en paz?"

⁵ Y él respondió: "En paz. He venido a ofrecer sacrificio al SEÑOR. Conságrense y vengan conmigo al sacrificio." Samuel consagró también a Isaí y a sus hijos y los invitó al sacrificio.

⁶ Cuando ellos entraron, Samuel vio a Eliab, y *se* dijo: "Ciertamente el ungido del SEÑOR está delante de El."

- ¿Cuál era la preocupación de Samuel? ¿Evitó esa preocupación, el que Samuel obedeciera al SEÑOR?

- ¿Qué estaba buscando Samuel cuando esperaba en Dios para escoger al siguiente rey de Israel?

- ¿Cómo se compara esto con el criterio que tiene Dios para escoger?

- Basados en el versículo 7, ¿qué podemos asumir acerca de los siete hijos que pasaron frente a Samuel?

- ¿Quién fue escogido para ser el siguiente rey de Israel, y qué puedes concluir acerca de él basándote en este relato?

- ¿Cuáles son algunas de las características que tendemos a identificar como propias de un líder?

7 Pero el Señor dijo a Samuel: "No mires a su apariencia, ni a lo alto de su estatura, porque lo he desechado; porque Dios no ve como el hombre ve, pues el hombre mira la apariencia exterior, pero el Señor mira el corazón."

8 Entonces Isaí llamó a Abinadab y lo hizo pasar delante de Samuel, y dijo: "Tampoco a éste ha escogido el Señor."

9 Después Isaí hizo pasar a Sama. Y Samuel dijo: "Tampoco a éste ha escogido el Señor."

10 Así Isaí hizo pasar a siete de sus hijos delante de Samuel. Pero Samuel dijo a Isaí: "El Señor no ha escogido a éstos."

[11] Samuel preguntó: "¿Son *éstos* todos tus hijos?" Isaí respondió: "Aún queda el menor, es el que está apacentando las ovejas." Samuel insistió: "Manda a buscarlo, pues no nos sentaremos *a la mesa* hasta que él venga acá."

[12] Y envió a buscarlo y lo hizo entrar. Era rubio, de ojos hermosos y bien parecido. Y el Señor dijo: "Levántate, úngelo; porque éste es."

[13] Entonces Samuel tomó el cuerno de aceite y lo ungió en medio de sus hermanos. Y el Espíritu del Señor vino poderosamente sobre David desde aquel día en adelante. Luego Samuel se levantó y se fue a Ramá.

• Y esas expectativas, ¿cómo podrían causar que nos perdiéramos lo mejor de Dios, o que ignoremos nuestro propio llamado al liderazgo?

• Discute la manera en que podría aplicarse lo aprendido, no solo para quienes están ya en el liderazgo, sino también al proceso de buscar un nuevo líder.

• ¿Qué hay acerca de ti? ¿Aprobarías el examen de Dios para ser un líder?

OBSERVA

Algún tiempo después que David fuera ungido como futuro rey de Israel –no puede precisarse el tiempo exacto– los filisteos vinieron contra Israel. Por lo cual, Saúl y el ejército de Israel, incluyendo a los hermanos mayores de David, se encontraron para batallar con los filisteos en el valle de Ela. Goliat, un campeón de los filisteos, diariamente desafió a Saúl durante cuarenta días, diciendo: "Hoy desafío a las filas de Israel. Denme un hombre para que luchemos mano a mano" (1 Samuel 17:10). Este Goliat era tan aterrorizante, que produjo pánico en el ejército de Israel.

Líder: Lee en voz alta 1 Samuel 17:20-30.

- *Pide que el grupo diga en voz alta y marque cada referencia a **David**, incluyendo sus pronombres, con una **D**.*

1 SAMUEL 17:20-30

20 Y se levantó David muy de mañana, dejó el rebaño con un guarda, y tomando *las provisiones*, se fue como Isaí le había mandado. Llegó al perímetro del campamento cuando el ejército salía en orden de batalla, lanzando el grito de guerra.

21 E Israel y los Filisteos se pusieron en orden de batalla, ejército contra ejército.

22 Entonces David dejó su carga al cuidado del que guardaba el equipaje y corrió a la línea de combate y entró a saludar a sus hermanos.

23 Mientras hablaba con ellos, el campeón, el Filisteo de Gat llamado Goliat, subió de entre las filas de los Filisteos y habló las mismas palabras *de su desafío*, y David *las* oyó.

24 Cuando todos los hombres de Israel vieron a Goliat, huyeron de él, y tenían gran temor.

ACLARACIÓN

La teoría que respaldaba el tipo de lucha propuesta por Goliat, como campeón de los filisteos, era que los dioses otorgarían la victoria al hombre que ellos quisieran. Al decidir que solo dos hombres serían los que pelearían, cada lado minimizaría las pérdidas humanas. En este caso, sin embargo, la pelea parecía ser una estrategia peligrosa para Israel; en base a la descripción de 1 Samuel 17:4-7, los estudiosos creen que Goliat medía casi 3 metros de alto. Este gigante llevaba un casco y una armadura de bronce, que pesaban aproximadamente 150 libras; y la punta de hierro de su lanza podría haber tenido un peso aproximado de quince libras. Entonces, considerando la evidencia física, los soldados israelitas tenían buenas razones para temer a Goliat.

DISCUTE

• Discute todo lo observado, acerca de David, en este pasaje.

• ¿Cuál fue la preocupación de David referente a Goliat y su desafío?

25 Y los hombres de Israel decían: "¿Han visto a ese hombre que sube? Ciertamente sube para desafiar a Israel. El rey colmará con grandes riquezas al que lo mate, le dará su hija y hará libre en Israel a la casa de su padre."

• ¿Qué acusación hizo Eliab, (el hermano mayor) contra David?

26 Entonces David preguntó a los que estaban junto a él: "¿Qué harán por el hombre que mate a este Filisteo y quite el oprobio de Israel? ¿Quién es este Filisteo incircunciso para desafiar a los escuadrones del Dios viviente?"

27 Y el pueblo le respondió según aquella palabra: "Así se hará al hombre que lo mate."

28 Eliab, su hermano mayor, oyó cuando él hablaba con los hombres; y se encendió la ira de Eliab contra David, y le dijo: "¿Para qué has descendido *acá*? ¿Con quién has dejado aquellas pocas ovejas en el desierto? Yo conozco tu soberbia y la maldad de tu corazón, que has descendido para ver la batalla."

29 Pero David respondió: "¿Qué he hecho yo ahora? ¿No fue sólo una pregunta?"

30 Entonces se apartó de su lado hacia otro y preguntó lo mismo; y el pueblo respondió lo mismo que antes.

• ¿Qué podría ocultarse detrás de la ira de Eliab?

OBSERVA

Saúl era un guerrero y, de acuerdo con 1 Samuel 10:23, también era el hombre más alto en Israel. No solo su tamaño hacía de él la lógica opción para pelear contra Goliat, sino que por ser el rey de Israel, Saúl era responsable de guiar al ejército a la victoria. Y una vez más vemos a Saúl actuando por temor en lugar de por fe.

Líder: Lee en voz alta 1 Samuel 17:31-40. *Pide que el grupo haga lo siguiente:*
- *Encierre en un círculo cada referencia a **Saúl**, incluyendo los pronombres.*
- *Marque cada referencia a **David**, incluyendo los sinónimos y pronombres, con una **D**.*
- *Dibuje un corazón sobre la palabra **corazón**.*

DISCUTE

- ¿Qué aprendiste acerca de David en este pasaje?

1 SAMUEL 17:31-40

31 Cuando se supieron las palabras que David había hablado, se *lo* dijeron a Saúl, y él lo hizo venir.

32 Y dijo David a Saúl: "No se desaliente el corazón de nadie a causa de él; su siervo irá y peleará con este Filisteo."

33 Entonces Saúl dijo a David: "Tú no puedes ir contra este Filisteo a pelear con él, porque tú eres un muchacho y él ha sido un guerrero desde su juventud."

34 Pero David respondió a Saúl: "Su siervo apacentaba las ovejas de su padre, y cuando un león o un oso venía y se llevaba un cordero del rebaño,

[35] yo salía tras él, lo atacaba, y *lo* rescataba de su boca; y cuando se levantaba contra mí, *lo* tomaba por la quijada, lo hería y lo mataba.

[36] "Su siervo ha matado tanto al león como al oso; y este Filisteo incircunciso será como uno de ellos, porque ha desafiado a los escuadrones del Dios viviente."

[37] Y David añadió: "El Señor, que me ha librado de las garras del león y de las garras del oso, me librará de la mano de este Filisteo." Y Saúl dijo a David: "Ve, y que el Señor sea contigo."

[38] Saúl vistió a David con sus ropas militares, le puso un

• ¿Qué aprendiste acerca de Saúl?

• ¿Qué entrenamiento había recibido David para pelear?

• El entrenamiento recibido por David, ¿de qué maneras podría haberle preparado para ser un líder?

- Al describir sus batallas para proteger de animales salvajes al rebaño de su padre, ¿a quién dio la gloria David?

- Considerando lo leído en este pasaje, describe la relación existente entre David y el punto de vista del SEÑOR respecto al líder. Luego, compara lo anterior con el punto de vista de Dios respecto a Saúl.

casco de bronce en la cabeza y lo cubrió con una armadura.

[39] David se ciñó la espada sobre sus ropas militares y trató de caminar, pues no se *las* había probado *antes*. Entonces David dijo a Saúl: "No puedo caminar con esto, pues no tengo experiencia con *ellas*." David se las quitó,

[40] y tomando su cayado en la mano, escogió del arroyo cinco piedras lisas y las puso en el saco de pastor que traía, en el zurrón, y con la honda en la mano se acercó al Filisteo.

1 SAMUEL 17:41-47

41 El Filisteo vino, y se fue acercando a David, con su escudero delante de él.

42 Cuando el Filisteo miró y vio a David, lo tuvo en poco porque era un muchacho, rubio y bien parecido.

43 Y el Filisteo dijo a David: "¿Acaso soy un perro, que vienes contra mí con palos?" Y el Filisteo maldijo a David por sus dioses.

44 También dijo el Filisteo a David: "Ven a mí, y daré tu carne a las aves del cielo y a las fieras del campo."

45 Entonces dijo David al Filisteo: "Tú vienes a mí con espada, lanza

OBSERVA

Líder: Lee el pasaje en voz alta, una vez más. 1 Samuel 17:41-47. Pide que el grupo diga en voz alta y...
- *Subraye cada referencia a los **filisteos**, incluyendo sus pronombres.*
- *Marque con una **D** cada referencia a **David**, incluyendo los pronombres.*

Líder: Lee en voz alta el pasaje una vez más.
- *Pide que el grupo diga en voz alta y dibuje un triángulo sobre cada referencia al SEÑOR, incluyendo los sinónimos y pronombres.*

DISCUTE
- ¿Qué aprendiste al marcar las referencias a *los filisteos*?

- Contrasta las palabras de Goliat con las de David. ¿Qué mensaje estaban dándose el uno al otro?

- De acuerdo con los versículos 46 y 47, ¿con qué propósito entregaría Dios a Goliat en manos de David?

- Este intercambio de palabras, ¿qué revela acerca de David? ¿Dónde descansaba su confianza, y cómo afectó esto su comportamiento? Explica tu respuesta.

y jabalina, pero yo vengo a ti en el nombre del SEÑOR de los ejércitos, el Dios de los escuadrones de Israel, a quien tú has desafiado.

46 "El SEÑOR te entregará hoy en mis manos, y yo te derribaré y te cortaré la cabeza. Y daré hoy los cadáveres del ejército de los Filisteos a las aves del cielo y a las fieras de la tierra, para que toda la tierra sepa que hay Dios en Israel,

47 y para que toda esta asamblea sepa que el SEÑOR no libra ni con espada ni con lanza; porque la batalla es del SEÑOR y El los entregará a ustedes en nuestras manos."

• En tu vida y en tu liderazgo, ¿dónde descansa tu confianza? ¿Qué evidencia puedes dar para tu respuesta? En otras palabras, ¿cómo afecta tu fuente de confianza tu comportamiento personal y compromiso de liderazgo?

1 SAMUEL 17:48-53

48 Sucedió que cuando el Filisteo se levantó y se fue acercando para enfrentarse a David, éste corrió rápidamente hacia el frente de batalla para enfrentarse al Filisteo.

49 David metió la mano en su saco, sacó de él una piedra, *la* lanzó *con la honda*, e hirió al Filisteo en la frente. La piedra se hundió en su frente y *Goliat* cayó a tierra sobre su rostro.

50 Así venció David al Filisteo con una honda y una piedra, e hirió al Filisteo

OBSERVA
Líder: Lee en voz alta 1 Samuel 17:48-53. Pide que el grupo diga en voz alta y...
- *Marque cada referencia a **David**, incluyendo los pronombres, con una **D**.*
- *Subraye cada referencia a los **filisteos**, incluyendo los sinónimos y pronombres.*

DISCUTE
• ¿Qué aprendiste al marcar las referencias a *David*?

• ¿Cómo se enfrentó a Goliat?

• ¿Qué revelan las acciones de David, respecto a sus expectativas de Dios?

• ¿Qué efecto tuvo en los filisteos la acción de David? ¿Y en los hombres de Israel?

y lo mató; pero no había espada en la mano de David.

51 Entonces David corrió y se puso sobre el Filisteo, tomó su espada, la sacó de la vaina y lo mató, cortándole la cabeza con ella. Cuando los Filisteos vieron que su campeón estaba muerto, huyeron.

52 Y levantándose los hombres de Israel y de Judá, gritaron y persiguieron a los Filisteos hasta el valle y hasta las Puertas de Ecrón. Los Filisteos muertos estaban tendidos a lo largo del camino a Saaraim, aun hasta Gat y Ecrón.

53 Los Israelitas regresaron de perseguir a los Filisteos y saquearon sus campamentos.

1 SAMUEL 24:1-12, 15

¹ Cuando Saúl regresó de perseguir a los Filisteos, le dieron aviso: "David está en el desierto de En Gadi."

² Entonces Saúl tomó de todo Israel 3,000 hombres escogidos, y fue en busca de David y de sus hombres por los peñascos de las cabras monteses.

³ Llegó a unos rediles de ovejas en el camino, donde *había* una cueva, y Saúl entró *en ella* para hacer sus necesidades. Y David y sus hombres estaban sentados en los rincones de la cueva.

⁴ Y los hombres de David le dijeron: "Mira, *este es*

OBSERVA

Poco después de la derrota de Goliat, Saúl tuvo muchos celos de David; quien rápidamente se percató que debía huir para salvar su vida. Durante los siguientes años, Saúl buscó intensamente capturar a David; procurando incluso matarlo.

Líder: Lee en voz alta 1 Samuel 24:1-12, 15. Pide que el grupo...
- *Encierre en un círculo cada referencia a **Saúl**, incluyendo los sinónimos y pronombres.*
- *Marque con una **D** cada referencia a **David**, incluyendo los pronombres.*

DISCUTE

- ¿Cómo respondió Saúl al escuchar que David estaba en el desierto de En Gadi?

• ¿Qué concluyeron los hombres de David respecto a la cercanía y vulnerabilidad de Saúl en la cueva? ¿Cuál fue la respuesta de David?

• El que David cortara el borde del manto de Saúl significaba la transferencia de poder de la casa de Saúl a la casa de David. Con eso en mente, ¿a causa de qué crees que a David le remordía su conciencia?

• David sabía que había sido ungido para reinar sobre Israel, así que ¿por qué no tomar él mismo la vida de Saúl?

el día del que el SEÑOR te habló: 'Voy a entregar a tu enemigo en tu mano, y harás con él como bien te parezca.'" Entonces David se levantó y cortó a escondidas la orilla del manto de Saúl.

5 Aconteció después de esto que la conciencia de David le remordía, porque había cortado la orilla *del manto* de Saúl.

6 Y dijo a sus hombres: "El SEÑOR me guarde de hacer tal cosa contra mi rey, el ungido del SEÑOR, de extender contra él mi mano, porque es el ungido del SEÑOR."

7 David contuvo a sus hombres con *estas* palabras y no les permitió que se levantaran contra

Saúl. Y Saúl se levantó, *salió* de la cueva, y siguió *su* camino.

⁸ Después *de esto* David se levantó, salió de la cueva y dio voces tras Saúl, diciendo: "¡Mi señor el rey!" Y cuando Saúl miró hacia atrás, David inclinó su rostro a tierra y se postró.

⁹ Y dijo David a Saúl: "¿Por qué escucha usted las palabras de los hombres, que dicen: 'Mire que David procura su mal'?

¹⁰ "Hoy han visto sus ojos que el Señor lo ha puesto en mis manos en la cueva en este día; y algunos me dijeron que lo matara, pero *mis ojos* tuvieron piedad de usted, y

• ¿Qué indica este pasaje acerca del conocimiento de Dios por parte de David? ¿Acerca de su corazón?

• ¿Una perspectiva similar, cómo afectaría las decisiones del líder actual?

• ¿Quién había designado a Saúl como rey? ¿Con qué autoridad debería ser removido?

- ¿Qué autoridades ha establecido Dios sobre ti?

- ¿Cómo respondes cuando Dios te pone bajo líderes menos capaces? ¿Has tratado alguna vez de socavar la autoridad de alguien, porque no respetabas a esa persona o sentías que tú serías un líder más efectivo?

Líder: Invita a alguien del grupo a compartir un testimonio personal, ya sea positivo o negativo, y sus resultados.

dije: 'No extenderé mi mano contra mi rey, porque es el ungido del SEÑOR.'

[11] "Mire, padre mío, mire la orilla de su manto en mi mano. Puesto que corté la orilla de su manto y no lo maté, reconozca y vea que no hay maldad ni rebelión en mis manos y que no he pecado contra usted, a pesar de que usted acecha mi vida para quitármela.

[12] "Juzgue el SEÑOR entre usted y yo y que el SEÑOR me vengue de usted, pero mi mano no será contra usted.

[15] "Sea el SEÑOR juez y decida entre usted y yo; que El vea y defienda mi causa y me libre de su mano."

• Pensando nuevamente en todo lo que has observado acerca de David durante esta semana, describe lo que significa ser un hombre conforme al corazón de Dios y cómo sería esto en la vida de un líder, un padre, un administrador, un líder ministerial, un maestro, al enfrentar los desafíos y tentaciones de la cultura actual.

1 SAMUEL 24:16-22

¹⁶ Cuando David acabó de decir a Saúl estas palabras, Saúl dijo: "¿Es ésta tu voz, David, hijo mío?" Entonces Saúl alzó su voz y lloró.

¹⁷ Y dijo a David: "Eres más justo que yo, porque tú me has tratado bien mientras que yo te he tratado con maldad.

¹⁸ "Tú has demostrado hoy que me has hecho bien, ya que el SEÑOR me entregó en tu mano y *sin embargo* no me diste muerte.

OBSERVA
Líder: Lee en voz alta 1 Samuel 24:16-22. Pide que el grupo...
• *Encierre en un círculo cada referencia a **Saúl**, incluyendo los pronombres.*
• *Marque cada referencia a **David**, incluyendo los pronombres, con una **D**.*

DISCUTE
• ¿Qué efecto tuvieron las palabras de David sobre Saúl?

• ¿Qué notó Saúl acerca del carácter de David? ¿Qué diferencia reconoció él entre ellos dos?

¹⁹ "Porque si un hombre halla a su enemigo, ¿lo dejará ir sano y salvo? Que el SEÑOR, por tanto, te recompense con bien por lo que has hecho por mí hoy.

• Saúl reconoció que David sería rey, y que Israel se establecería bajo su mano. A la luz de esto, ¿qué petición hizo Saúl? ¿Cómo respondió David?

²⁰ "Mira, ahora sé que ciertamente serás rey, y que el reino de Israel será establecido en tu mano.

²¹ "Ahora pues, júrame por el SEÑOR que no cortarás mi descendencia después de mí, y que no borrarás mi nombre de la casa de mi padre."

• ¿Qué podemos aprender respecto al liderazgo, con la respuesta de David a Saúl en medio de tal dolorosa y difícil situación?

²² Y David se *lo* juró a Saúl. Y Saúl se fue a su casa, pero David y sus hombres subieron al refugio.

FINALIZANDO

¿Qué hace del líder, un líder? Hemos visto muchas y diferentes características del liderazgo efectivo en las pasadas semanas; pero nuestro estudio de David lo resume todo en una poderosa definición: "Un verdadero líder es un hombre o mujer conforme al corazón de Dios".

Los criterios del mundo para el liderazgo podrían involucrar el ir a las escuelas apropiadas, vivir en el vecindario correcto, provenir de una familia noble, ostentar el estatus socioeconómico adecuado, tener una apariencia sobresaliente o seguir los métodos correctos. Sin embargo, Dios no mira las apariencias externas cuando Él sitúa a las personas en posiciones de liderazgo. Él pone especial atención y preocupación en lo referente al corazón.

La vida de David nos demuestra también que el desarrollo de la correcta actitud del corazón no resulta ser algo espontáneo; pues, los corazones conforme a Dios son formados por Él mismo a través de los tiempos de prueba y dificultad. David probó su fidelidad y confianza en Dios para todo; desde sus luchas con osos salvajes y leones hasta despiadados gigantes y reyes. Conforme las crisis y desafíos lo confrontaban, David actuaba en base a lo que él sabía como cierto acerca de Dios; sometiéndose a Su autoridad y demostrando gran valentía y fortaleza enraizadas en su fe.

¿Qué hay acerca de ti? ¿Es tu vida un testimonio de tu íntimo y personal conocimiento de Dios? ¿Tu liderazgo demuestra seguir el corazón de Dios y la confianza de que Él obrará en todas las cosas para tu bien y Su gloria?

La semana pasada observamos las cualidades de carácter que hicieron de David un gran líder y "un hombre conforme a Su corazón". Sin embargo, David bajo ningún concepto era perfecto, lo cual veremos en esta semana. Su ejemplo nos brinda importantes observaciones sobre cómo tratar con nuestras propias e inevitables carencias como líderes –y sobre como crecer en un mayor conocimiento de Dios.

OBSERVA

En la quinta semana, observamos el carácter de David -un joven pastor de ovejas y futuro rey. Ahora avancemos a una etapa mayor en su vida, luego que David ya había estado por algún tiempo en el trono de Israel.

Líder: Lee en voz alta 2 Samuel 11:1-5.
* *Pide que el grupo diga en voz alta y marque cada referencia a **David**, incluyendo los pronombres con una **D**.*

DISCUTE
* ¿En qué tiempo o época del año sucedió esta historia?

* Según el versículo 1, ¿cuál era el rol de los reyes durante esta época del año?

2 SAMUEL 11:1-5

¹ Aconteció que en la primavera, en el tiempo cuando los reyes salen *a la batalla*, David envió a Joab y con él a sus siervos y a todo Israel, y destruyeron a los Amonitas y sitiaron a Rabá. Pero David permaneció en Jerusalén.

² Al atardecer David se levantó de su lecho y se paseaba por el terrado de la casa del rey, y desde el terrado vio a una mujer que se estaba bañando; y la mujer era de aspecto muy hermoso.

³ David mandó a preguntar acerca de aquella mujer. Y alguien dijo: "¿No es ésta Betsabé, hija de Eliam, mujer de Urías el Hitita?"

⁴ David envió mensajeros y la tomaron; y cuando ella vino a él, él durmió con ella. Después que ella se purificó de su inmundicia, regresó a su casa.

⁵ Y Betsabé concibió; y envió aviso a David diciéndole: "Estoy encinta."

• ¿Dónde estaba el rey David?

• Brevemente resume las acciones de David descritas en este pasaje.

• ¿Qué revelan estos versículos acerca de las prioridades del corazón de David?

• Considerando el comportamiento y perspectivas de los primeros años del rey David, ¿qué contraste observas con su comportamiento en esta época de su vida?

OBSERVA

Líder: *Lee en voz alta 2 Samuel 11:6-13.*
Pide que el grupo...

• *Marque cada referencia a **David**, incluyendo los sinónimos y pronombres, con una **D**.*

• *Marque cada referencia a **Urías**, incluyendo los pronombres con una **U**.*

DISCUTE

• Brevemente resume las acciones de David descritas en este pasaje y las correspondientes respuestas a Urías.

2 SAMUEL 11:6-13

⁶ Entonces David envió *a decir* a Joab: "Envíame a Urías el Hitita." Y Joab envió a Urías a David.

⁷ Cuando Urías vino a él, David le preguntó por Joab, por el pueblo y por el estado de la guerra.

⁸ Después dijo David a Urías: "Desciende a tu casa, y lava tus pies." Salió Urías de la casa del rey, y tras él fue enviado un obsequio del rey.

⁹ Pero Urías durmió a la entrada de la casa del rey con todos los siervos de su señor, y no bajó a su casa.

¹⁰ Cuando *se lo* contaron a David, le dijeron: "Urías

no bajó a su casa,"
David dijo a Urías:
"¿No has venido de
hacer un viaje? ¿Por
qué no bajaste a tu
casa?"

[11] Urías respondió
a David: "El arca,
Israel y Judá están
bajo tiendas, y mi
señor Joab y los
siervos de mi señor
acampan a campo
abierto. ¿He de ir yo
a mi casa para comer,
beber y acostarme
con mi mujer? Por su
vida y la vida de su
alma, que no haré tal
cosa."

[12] Entonces David
dijo a Urías:
"Quédate aquí hoy
también, y mañana
te dejaré ir." Y se
quedó Urías en
Jerusalén aquel día y
el siguiente.

[13] Y David lo
convidó a comer
y a beber con él,
y lo embriagó. Al

• Discute lo que aprendiste acerca de
David y Urías en este pasaje. ¿Cuán
efectivamente cumplió cada uno de ellos
su responsabilidad? Explica tu respuesta.

• Aunque la palabra *corazón* no sea vista
en este pasaje, compara las aparentes
diferencias entre el corazón de David y el
corazón de Urías reveladas en los eventos
aquí detallados.

OBSERVA

Hasta ese momento David había esperado que el hijo aún por nacer de Betsabé fuera visto como de Urías; manteniendo así escondido su adulterio. Pero, cuando Urías no cooperó con este plan, desconocido por él, David se hundió más en el pecado.

Líder: Lee en voz alta 2 Samuel 11:14-18; 26-27. Pide que el grupo diga en voz alta y marque...

- *Cada referencia a **David**, incluyendo los sinónimos y pronombres, con una **D**.*
- *Cada referencia a **Urías**, incluyendo los pronombres, con una **U***

DISCUTE

- Discute los eventos de este pasaje.

- ¿Cuál era el objetivo buscado tras las instrucciones de David a Joab?

anochecer *Urías* salió a acostarse en su cama con los siervos de su señor, pero no descendió a su casa.

2 SAMUEL 11:14-18, 26-27

14 A la mañana siguiente David escribió una carta a Joab, y *la* envió por mano de Urías.

15 En la carta había escrito: "Pongan a Urías al frente de la batalla más reñida y retírense de él, para que sea herido y muera."

16 Así que cuando Joab asediaba la ciudad, puso a Urías en el lugar donde sabía que *había* hombres valientes.

17 Y los hombres de la ciudad salieron y pelearon contra Joab, y algunos de los siervos de David cayeron, y murió también Urías el Hitita.

18 Joab envió a informar a David de todos los sucesos de la guerra,

26 Al oír la mujer de Urías que su marido Urías había muerto, hizo duelo por su marido.

27 Cuando pasó el luto, David mandó traerla a su casa, y ella fue su mujer; y dio a luz un hijo. Pero lo que David había hecho fue malo a los ojos del SEÑOR.

• ¿Qué revela el plan de acción de David, acerca del estado de su corazón? ¿Cómo describirías las motivaciones y emociones que lo conducían?

• La Ley pedía la muerte de ambas partes involucradas en una relación adúltera. Y, considerando las posibles consecuencias de su adulterio, ¿qué otras opciones podría haber tenido David en esta situación?

• Según lo que leíste en el versículo 27, ¿qué pensó el SEÑOR acerca de esta situación?

OBSERVA

Líder: Lee en voz alta 2 Samuel 12:1-14.
Pide que el grupo diga en voz alta y marque lo siguiente ...
  • *Cada referencia a **Natán**, incluyendo los pronombres, con una **N**.*
  • *Cada referencia a **David**, incluyendo los pronombres, con una **D**.*
  • *Cada referencia al **SEÑOR**, incluyendo los pronombres, con un triángulo.* △

DISCUTE

• Discute lo que aprendiste al marcar las referencias a *Natán*.

• ¿Quién envió a Natán a David y por qué?

2 SAMUEL 12:1-14

¹ Entonces el SEÑOR envió a Natán a David. Y Natán vino a él y le dijo: "Había dos hombres en una ciudad, el uno rico, y el otro pobre.

² El rico tenía muchas ovejas y vacas.

³ Pero el pobre no tenía más que una corderita Que él había comprado y criado, La cual había crecido junto con él y con sus hijos. Comía de su pan, bebía de su copa y dormía en su seno, Y era como una hija para él.

⁴ Vino un viajero *a visitar* al hombre rico Y éste no quiso tomar de sus ovejas ni de sus vacas Para preparar *comida*

para el caminante que había venido a él, Sino que tomó la corderita de aquel hombre pobre y la preparó para el hombre que había venido a visitarlo."

5 Y se encendió la ira de David en gran manera contra aquel hombre, y dijo a Natán: "Vive el Señor, que ciertamente el hombre que hizo esto merece morir;

6 y debe pagar cuatro veces por la cordera, porque hizo esto y no tuvo compasión."

7 Entonces Natán dijo a David: "Tú eres aquel hombre. Así dice el Señor, Dios de Israel: 'Yo te ungí rey sobre Israel y te libré de la mano de Saúl.

• ¿Cuál fue la respuesta inicial de David a la historia de Natán?

• De acuerdo con los versículos 7 y 8, ¿por qué medios había ganado David su posición de poder?

• ¿Cómo se relaciona esto con tu propio rol de líder?

• De acuerdo con el versículo 9, ¿qué había conducido a David al pecado?

ACLARACIÓN

Natán dijo que David había "despreciado la palabra del SEÑOR" (versículo 9), lo que significa que la había considerado a la ligera; había fallado en guardar el apropiado respeto a Su autoridad. Cuando nosotros tomamos decisiones basadas en nuestro propio parecer y razonamiento, en lugar de seguir los preceptos e instrucciones de Dios, nos encontramos despreciando la palabra del SEÑOR.

• ¿Cómo juzgó Dios el pecado de David? ¿Qué consecuencias estableció Él a través de Natán?

8 'Yo también entregué a tu cuidado la casa de tu señor y las mujeres de tu señor, y te di la casa de Israel y de Judá; y si *eso hubiera sido* poco, te hubiera añadido muchas cosas como éstas.

9 '¿Por qué has despreciado la palabra del SEÑOR haciendo lo malo ante Sus ojos? Has matado a espada a Urías el Hitita, has tomado su mujer para que sea mujer tuya, y a él lo has matado con la espada de los Amonitas.

10 'Ahora pues, la espada nunca se apartará de tu casa, porque Me has despreciado y has tomado la mujer de Urías el Hitita para que sea tu mujer.'''

11 "Así dice el SEÑOR: 'Por eso, de tu misma casa levantaré el mal contra ti; *y* aun tomaré tus mujeres delante de tus ojos y *las* daré a tu compañero, y éste se acostará con tus mujeres a plena luz del día.

12 'En verdad, tú lo hiciste en secreto, pero Yo haré esto delante de todo Israel y a plena luz del sol.'"

13 Entonces David dijo a Natán: "He pecado contra el SEÑOR." Y Natán dijo a David: "El SEÑOR ha quitado tu pecado; no morirás.

14 "Sin embargo, por cuanto con este hecho has dado ocasión de blasfemar a los enemigos del SEÑOR, ciertamente morirá el niño que te ha nacido."

• ¿Cómo respondió David al mensaje de juicio por boca de Natán?

• ¿Qué revela esta respuesta acerca del corazón de David?

• ¿Cómo respondió Dios cuando David asumió la responsabilidad de sus acciones?

OBSERVA

A la luz de lo que acabamos de leer, nuevamente veamos cómo actuó Saúl frente a un fracaso similar.

Líder: Lee en voz alta 1 Samuel 15:19-30. Pide que el grupo diga en voz alta y...

- *Encierre en un círculo cada referencia a **Saúl**, incluyendo los pronombres.*
- *Dibuje una línea ondulada como ésta ⌇⌇⌇ bajo cada referencia a las **instrucciones de Dios**, incluyendo **la voz del Señor**, el **mandamiento del Señor** y **la palabra del Señor**.*

DISCUTE

- ¿Cómo respondió Saúl cuando fue confrontado por su pecado?

1 SAMUEL 15:19-30

19 "¿Por qué, pues, no obedeciste la voz del Señor, sino que te lanzaste sobre el botín e hiciste lo malo ante los ojos del Señor?"

20 Entonces Saúl dijo a Samuel: "Yo obedecí la voz del Señor, y fui en la misión a la cual el Señor me envió, y he traído a Agag, rey de Amalec, y he destruido por completo a los Amalecitas.

21 "Pero el pueblo tomó del botín ovejas y bueyes, lo mejor de las cosas dedicadas al anatema (a la destrucción), para ofrecer sacrificio al Señor tu Dios en Gilgal."

²² Y Samuel dijo: "¿Se complace el SEÑOR *tanto* En holocaustos y sacrificios Como en la obediencia a la voz del SEÑOR? Entiende, el obedecer es mejor que un sacrificio, *Y* el prestar atención, que la grasa de los carneros.

²³ Porque la rebelión *es como* el pecado de adivinación, Y la desobediencia, *como* la iniquidad e idolatría. Por cuanto tú has desechado la palabra del SEÑOR, El también te ha desechado para que no seas rey."

²⁴ Entonces Saúl dijo a Samuel: "He pecado. En verdad he quebrantado el mandamiento del SEÑOR y tus palabras, porque temí al pueblo y escuché su voz.

• Compara las palabras de Saúl en 1 Samuel 15:24 con la confesión de pecado por parte de David en 2 Samuel 12:13. ¿Cómo se asemejan las respuestas de estos hombres? ¿En qué son diferentes?

- Según el contexto de 1 Samuel 15, ¿dirías que la confesión de Saúl era genuina? Explica la evidencia que apoye tu respuesta.

25 "Ahora pues, te ruego que perdones mi pecado y vuelvas conmigo para que adore al SEÑOR."

26 Pero Samuel respondió a Saúl: "No volveré contigo; porque has desechado la palabra del SEÑOR, y el SEÑOR te ha desechado para que no seas rey sobre Israel."

27 Cuando Samuel se volvía para irse, *Saúl* asió el borde de su manto, *y éste* se rasgó.

28 Entonces Samuel le dijo: "Hoy el SEÑOR ha arrancado de ti el reino de Israel, y lo ha dado a un prójimo tuyo que es mejor que tú.

29 "También la Gloria de Israel no mentirá ni cambiará su propósito, porque

El no es hombre para que cambie de propósito."

30 Saúl respondió: "He pecado, *pero te ruego que me honres ahora delante de los ancianos de mi pueblo y delante de Israel y que regreses conmigo para que yo adore al SEÑOR tu Dios."

SALMO 51:1-4

1 Ten piedad de mí, oh Dios, conforme a Tu misericordia; Conforme a lo inmenso de Tu compasión, borra mis transgresiones.

2 Lávame por completo de mi maldad, Y límpiame de mi pecado.

3 Porque yo reconozco mis transgresiones, Y mi pecado está siempre delante de mí.

• ¿Qué te dice esto acerca de la relación de Saúl con Dios? En otras palabras, ¿qué revela esto acerca de su corazón?

OBSERVA

Veamos el Salmo 51, escrito por David después que el profeta Natán lo confrontara acerca de su pecado. Cuando lo leas, recuerda la característica determinada por Dios para un líder; para "un hombre conforme a Su corazón" (1 Samuel 13:14).

Líder: Lee en voz alta el Salmo 51:1-4. Pide que el grupo diga en voz alta y...
  • *Marque cada referencia a **Dios**, incluyendo los pronombres, con un triángulo.*
  • *Subraye con doble línea cada referencia a **pecado**, incluyendo los sinónimos como **transgresiones** y **maldad**.*

DISCUTE

* ¿Qué aprendiste al marcar las referencias al pecado en este pasaje?

* ¿Qué estaba haciendo David en estos versículos? Describe el estado de su corazón y su actitud hacia Dios.

⁴ Contra Ti, contra Ti sólo he pecado, Y he hecho lo malo delante de Tus ojos, De manera que eres justo cuando hablas, Y sin reproche cuando juzgas.

* Lista algunas de las características que David atribuyó a Dios.

* ¿Qué luz brindan estas características sobre la situación de David? ¿Sobre su perspectiva acerca del pecado?

SALMO 51:5-13

OBSERVA

Continuemos observando la oración de arrepentimiento de David.

Líder: Lee en voz alta el Salmo 51:5-13.
Pide que el grupo haga lo siguiente:
* *Marque cada referencia a **David** con una **D**.*
* *Subraye con doble línea cada vez que aparezca **pecado** y sus sinónimos.*
* *Dibuje un triángulo sobre cada referencia a **Dios**, incluyendo los pronombres.*

⁵ Yo nací en iniquidad, Y en pecado me concibió mi madre.

⁶ Tú deseas la verdad en lo más íntimo, Y en lo secreto me harás conocer sabiduría.

⁷ Purifícame con hisopo, y seré limpio; Lávame, y seré más blanco que la nieve.

⁸ Hazme oír gozo y alegría, Haz que se regocijen los huesos que has quebrantado.

⁹ Esconde Tu rostro de mis pecados, Y borra todas mis iniquidades.

¹⁰ Crea en mí, oh Dios, un corazón limpio, Y renueva un espíritu recto dentro de mí.

¹¹ No me eches de Tu presencia, Y no quites de mí Tu Santo Espíritu.

¹² Restitúyeme el gozo de Tu salvación, Y sostenme con un espíritu de poder.

¹³ *Entonces* enseñaré a los transgresores Tus caminos, Y los pecadores se convertirán a Ti.

DISCUTE

• ¿Qué creyó David que Dios deseaba de él?

• ¿Qué pidió David a Dios? ¿Qué te dice esto acerca de su corazón?

• Según lo que has observado acerca de David, ¿cómo lo describirías? ¿Cuáles son sus fortalezas y debilidades como líder?

• ¿Se debe ser perfecto para tener un corazón para Dios? Explica tu respuesta.

• Ninguno de los dos primeros reyes de Israel fueron perfectos, pero aún así y con sus defectos, David "encontró favor a los ojos de Dios" (Hechos 7:46) y fue descrito por el SEÑOR como "un hombre conforme a Su corazón" (Hechos 13:22). ¿Qué marcó la diferencia entre David y Saúl? Explica tu respuesta.

FINALIZANDO

Durante una reciente visita a casa, nuestra hija que estudia en una universidad estatal, nos dijo que su maestro de literatura no podía entender por qué la Biblia llamaría a David "un hombre conforme al corazón de Dios". Puesto que David fue, después de todo, un violador y asesino. Y cuando le preguntamos cómo había contestado ella la pregunta del maestro, nuestra hija respondió: "él se arrepintió".

Su respuesta revela la característica clave que separa a los primeros dos reyes de Israel—y que separa a cualquier gran líder del resto.

Como hemos visto, tanto Saúl como David pecaron; y ambos fueron confrontados por los profetas de Dios. Uno de ellos rechazó aceptar la responsabilidad por sus acciones; el otro se arrepintió. Sus respuestas marcaron la total diferencia en cómo Dios los vio a ellos. David continuó siendo un hombre conforme al corazón de Dios; no porque fuera perfecto, sino porque se arrepintió.

Sus ejemplos confirman que todo líder comete errores. Pero que únicamente los grandes líderes son quienes admiten sus fracasos, aprenden de ellos y tratan de no repetirlos.

También encontramos otro principio de liderazgo, algo más sutil, en el primer versículo de esta lección: "Aconteció que en la primavera, en el tiempo cuando los reyes salen a la batalla, David envió a Joab y con él a sus siervos y a todo Israel, y destruyeron a los Amonitas y sitiaron a Rabá. Pero David permaneció en Jerusalén" (2 Samuel 11:1).

En lugar de liderar sus tropas en combate, el rey envió a otro para que hiciera su trabajo. De esta manera, David mismo se colocó en una situación de potencial fracaso al no estar donde debería haber estado. Son muchos los líderes que también bajan la guardia cuando las cosas parecen ir bien; y es precisamente ahí cuando el enemigo los ataca.

Ahora que estamos concluyendo nuestro estudio de liderazgo, debemos recordar que como seguidores de Cristo necesitamos ser diligentes al liderar en donde sea que Dios nos haya puesto. Somos llamados a ser luz en un mundo oscuro, para guiar a otros hacia el Camino, la Verdad y la Vida——a Cristo Jesús. Además, hemos sido llamados a ser líderes en nuestros hogares, nuestros lugares de trabajo y en nuestras comunidades. Muchos de nosotros también somos llamados a ser líderes en nuestras iglesias o en otras formas de ministerio.

¿Liderarás con valentía y fortaleza, buscarás agradar a Dios sin importar lo que otros te presionen a hacer? ¿Mantendrás una vida de oración activa y ferviente, escuchando cuidadosamente la voz de Dios? ¿Andarás en fe y obediencia, asumiendo humildemente toda responsabilidad por tus decisiones y arrepintiéndote cuando cometas errores? ¿Motivarás a quienes están bajo tu liderazgo para que capten la visión de seguir completamente a Dios?

¿Serás un líder conforme al corazón de Dios?

Esta singular serie de estudios bíblicos del equipo de enseñanza de Ministerios Precepto Internacional, aborda temas con los que luchan las mentes investigadoras; y lo hace en breves lecciones muy fáciles de entender e ideales para reuniones de grupos pequeños. Estos cursos de estudio bíblico, de la serie 40 minutos, pueden realizarse siguiendo cualquier orden. Sin embargo, a continuación te mostramos una posible secuencia a seguir:

¿Cómo Sabes que Dios es Tu Padre?

Muchos dicen: "Soy Cristiano"; pero, ¿cómo pueden saber si Dios realmente es su Padre—y si el cielo será su futuro hogar? La epístola de 1 Juan fue escrita con este propósito—que tú puedas saber si realmente tienes la vida eterna. Éste es un esclarecedor estudio que te sacará de la oscuridad y abrirá tu entendimiento hacia esta importante verdad bíblica.

Cómo Tener una Relación Genuina con Dios

A quienes tengan el deseo de conocer a Dios y relacionarse con Él de forma significativa, Ministerios Precepto abre la Biblia para mostrarles el camino a la salvación. Por medio de un profundo análisis de ciertos pasajes bíblicos cruciales, este esclarecedor estudio se enfoca en dónde nos encontramos con respecto a Dios, cómo es que el pecado evita que lo conozcamos y cómo Cristo puso un puente sobre aquel abismo que existe entre los hombres y su SEÑOR.

Ser un Discípulo: Considerando Su Verdadero Costo

Jesús llamó a Sus seguidores a ser discípulos. Pero el discipulado viene con un costo y un compromiso incluido. Este estudio da una mirada inductiva a cómo la Biblia describe al discípulo, establece las características de un seguidor de Cristo e invita a los estudiantes a aceptar Su desafío, para luego disfrutar de las eternas bendiciones del discipulado.

¿Vives lo que Dices?

Este estudio inductivo de Efesios 4 y 5, está diseñado para ayudar a los estudiantes a que vean, por sí mismos, lo que Dios dice respecto al estilo de vida de un verdadero creyente en Cristo. Este estudio los capacitará para vivir de una manera digna de su llamamiento; con la meta final de desarrollar un andar diario con Dios, caracterizado por la madurez, la semejanza a Cristo y la paz.

Viviendo Una Vida de Verdadera Adoración

La adoración es uno de los temas del cristianismo peor entendidos; y este estudio explora lo que la Biblia dice acerca de la adoración: ¿qué es? ¿Cuándo sucede? ¿Dónde ocurre? ¿Se basa en las emociones? ¿Se limita solamente a los domingos en la iglesia? ¿Impacta la forma en que sirves al SEÑOR? Para éstas, y más preguntas, este estudio nos ofrece respuestas bíblicas novedosas.

Descubriendo lo que Nos Espera en el Futuro

Con todo lo que está ocurriendo en el mundo, las personas no pueden evitar cuestionarse respecto a lo que nos espera en el futuro. ¿Habrá paz alguna vez en la tierra? ¿Cuánto tiempo vivirá el mundo bajo la amenaza del terrorismo? ¿Hay un horizonte con un solo gobernante mundial? Esta fácil guía de estudio conduce a los lectores a través del importante libro de Daniel; libro en el que se establece el plan de Dios para el futuro.

Cómo Tomar Decisiones Que No Lamentarás

Cada día nos enfrentamos a innumerables decisiones; y algunas de ellas pueden cambiar el curso de nuestras vidas para siempre. Entonces, ¿a dónde acudes en busca de dirección? ¿Qué debemos hacer cuando nos enfrentamos a una tentación? Este breve estudio te brindará una práctica y valiosa guía, al explorar el papel que tiene la Escritura y el Espíritu Santo en nuestra toma de decisiones.

Dinero y Posesiones: La Búsqueda del Contentamiento

Nuestra actitud hacia el dinero y las posesiones reflejará la calidad de nuestra relación con Dios. Y, de acuerdo con las Escrituras, nuestra visión del dinero nos muestra dónde está descansando nuestro verdadero amor. En este estudio, los lectores escudriñarán las Escrituras para aprender de dónde proviene el dinero, cómo se supone que debemos manejarlo y cómo vivir una vida abundante, sin importar nuestra actual situación financiera.

Cómo puede un Hombre Controlar Sus Pensamientos, Deseos y Pasiones

Este estudio capacita a los hombres con la poderosa verdad de que Dios ha provisto todo lo necesario para resistir la tentación; y lo hace a través de ejemplos de hombres en las Escrituras, algunos de los cuales cayeron en pecado y otros que se mantuvieron firmes. Aprende cómo escoger el camino de pureza, para tener la plena confianza de que, a través del poder del Espíritu Santo y la Palabra de Dios, podrás estar algún día puro e irreprensible delante de Dios.

Viviendo Victoriosamente en Tiempos Difíciles

Vivimos en un mundo decadente poblado por gente sin rumbo, y no podemos escaparnos de la adversidad y el dolor. Sin embargo, y por alguna razón, los difíciles tiempos que actualmente se viven son parte del plan de Dios y sirven para Sus propósitos. Este valioso estudio ayuda a los lectores a descubrir cómo glorificar a Dios en medio del dolor; al tiempo que aprenden cómo encontrar gozo aun cuando la vida parezca injusta, y a conocer la paz que viene al confiar en el Único que puede brindar la fuerza necesaria en medio de nuestra debilidad.

Edificando un Matrimonio que en Verdad Funcione

Dios diseñó el matrimonio para que fuera una relación satisfactoria y realizadora; creando a hombres y mujeres para que ellos—juntos y como una sola carne—pudieran reflejar Su amor por el mundo. El matrimonio, cuando es vivido como Dios lo planeó, nos completa, nos trae gozo y da a nuestras vidas un fresco significado. En este estudio, los lectores examinarán el diseño de Dios para el matrimonio y aprenderán cómo establecer y mantener el tipo de matrimonio que trae gozo duradero.

El Perdón: Rompiendo el Poder del Pasado

El perdón puede ser un concepto abrumador, sobre todo para quienes llevan consigo profundas heridas provocadas por difíciles situaciones de su pasado. En este estudio innovador, obtendrás esclarecedores conceptos del perdón de Dios para contigo, aprenderás cómo responder a aquellos que te han tratado injustamente, y descubrirás cómo la decisión de perdonar rompe las cadenas del doloroso pasado y te impulsa hacia un gozoso futuro.

Elementos Básicos de la Oración Efectiva.

Esta perspectiva general de la oración te guiará a una vida de oración con más fervor a medida que aprendes lo que Dios espera de tus oraciones y qué puedes esperar de Él. Un detallado examen del Padre Nuestro, y de algunos importantes principios obtenidos de ejemplos de oraciones a través de la Biblia, te desafiará a un mayor entendimiento de la voluntad de Dios, Sus caminos y Su amor por ti mientras experimentas lo que significa verdaderamente el acercarse a Dios en oración.

Cómo se Hace un Líder al Estilo de Dios

¿Qué espera Dios de quienes Él coloca en lugares de autoridad? ¿Qué características marcan al verdadero líder efectivo? ¿Cómo puedes ser el líder que Dios te ha llamado a ser? Encontrarás las respuestas a éstas, y otras preguntas, en este poderoso estudio de cuatro importantes líderes de Israel—Elí, Samuel, Saúl y David— cuyas vidas señalan principios que necesitamos conocer como líderes en nuestros hogares, en nuestras comunidades, en nuestras iglesias y finalmente en nuestro mundo.

¿Qué Dice la Biblia Acerca del Sexo?

Nuestra cultura está saturada de sexo, pero muy pocos tienen una idea clara de lo que Dios dice acerca de este tema. En contraste a la creencia popular, Dios no se opone al sexo; únicamente, a su mal uso. Al aprender acerca de las barreras o límites que Él ha diseñado para proteger este regalo, te capacitarás para enfrentar las mentiras del mundo y aprender que Dios quiere lo mejor para ti.

Principios Clave para el Ayuno Bíblico

La disciplina espiritual del ayuno se remonta a la antigüedad. Sin embargo, el propósito y naturaleza de esta práctica a menudo es malentendida. Este vigorizante estudio explica por qué el ayuno es importante en la vida del creyente promedio, resalta principios bíblicos para el ayuno efectivo, y muestra cómo esta poderosa disciplina lleva a una conexión más profunda con Dios.

ACERCA DE MINISTERIOS PRECEPTO INTERNACIONAL

Ministerios Precepto Internacional fue levantado por Dios para el solo propósito de establecer a las personas en la Palabra de Dios para producir reverencia a Él. Sirve como un brazo de la iglesia sin ser parte de una denominación. Dios ha permitido a Precepto alcanzar más allá de las líneas denominacionales sin comprometer las verdades de Su Palabra inerrante. Nosotros creemos que cada palabra de la Biblia fue inspirada y dada al hombre como todo lo que necesita para alcanzar la madurez y estar completamente equipado para toda buena obra de la vida. Este ministerio no busca imponer sus doctrinas en los demás, sino dirigir a las personas al Maestro mismo, Quien guía y lidera mediante Su Espíritu a la verdad a través de un estudio sistemático de Su Palabra. El ministerio produce una variedad de estudios bíblicos e imparte conferencias y Talleres Intensivos de entrenamiento diseñados para establecer a los asistentes en la Palabra a través del Estudio Bíblico Inductivo.

Jack Arthur y su esposa, Kay, fundaron Ministerios Precepto en 1970. Kay y el equipo de escritores del ministerio producen estudios **Precepto sobre Precepto,** Estudios **In & Out**, estudios de la **serie Señor**, estudios de la **Nueva serie de Estudio Inductivo**, estudios **40 Minutos** y **Estudio Inductivo de la Biblia Descubre por ti mismo para niños.** A partir de años de estudio diligente y experiencia enseñando, Kay y el equipo han desarrollado estos cursos inductivos únicos que son utilizados en cerca de 185 países en 70 idiomas.

MOVILIZANDO

Estamos movilizando un grupo de creyentes que "manejan bien la Palabra de Dios" y quieren utilizar sus dones espirituales y talentos para alcanzar 10 millones más de personas con el estudio bíblico inductivo para el año 2015. Si compartes nuestra pasión por establecer a las personas en la Palabra de Dios, te invitamos a leer más. Visita **www.precept.org/Mobilize** para más información detallada.

RESPONDIENDO AL LLAMADO

Ahora que has estudiado y considerado en oración las escrituras, ¿hay algo nuevo que debas creer o hacer, o te movió a hacer algún cambio en tu vida? Es una de las muchas cosas maravillosas y sobrenaturales que resultan de estar en Su Palabra – Dios nos habla.

En Ministerios Precepto Internacional, creemos que hemos escuchado a Dios hablar acerca de nuestro rol en la Gran Comisión. Él nos ha dicho en Su Palabra que hagamos discípulos enseñando a las personas cómo estudiar Su Palabra. Planeamos alcanzar 10 millones más de personas con el Estudio Bíblico Inductivo para el año 2015.

Si compartes nuestra pasión por establecer a las personas en la Palabra de Dios, ¡te invitamos a que te unas a nosotros! ¿Considerarías en oración aportar mensualmente al ministerio? Hemos hecho las cuentas y por cada $2 que aportes, podremos alcanzar una persona con este estudio que cambia vidas. Si ofrendas en línea en **www.precept.org/ATC**, ahorramos gastos administrativos para que tus dólares alcancen a más gente. Si aportas mensualmente como una ofrenda mensual, menos dólares van a gastos administrativos y más van al ministerio.
Por favor ora acerca de cómo el Señor te podría guiar a responder el llamado.

COMPRA CON PROPÓSITO
Cuando compras libros, estudios, audio y video, por favor cómpralos de Ministerios Precepto a través de nuestra tienda en línea (**http://store.precept.org/**) o en la oficina de Precepto en tu país. Sabemos que podrías encontrar algunos de estos materiales a menor precio en tiendas con fines de lucro, pero cuando compras a través de nosotros, las ganancias apoyan el trabajo que hacemos:

• Desarrollar más estudios bíblicos inductivos
• Traducir más estudios en otros idiomas
• Apoyar los esfuerzos en 185 países
• Alcanzar millones diariamente a través de la radio y televisión
• Entrenar pastores y líderes de estudios bíblicos alrededor del mundo
• Desarrollar estudios inductivos para niños para comenzar su viaje con Dios
• Equipar a las personas de todas las edades con las habilidades es estudio bíblico que transforma vidas

Cuando compras en Precepto, ¡ayudas a establecer a las personas en la Palabra de Dios!